ビッグマックと弱い円ができるまで

為替ストラテジスト

佐々木融
Tohru Sasaki

CROSSMEDIA PUBLISHING

プロローグ　小学生から始めたい、お金を巡る思考

マネオ

バーガー博士、最近、「お金」について考えてみたんですが、考えれば考えるほど、分からなくなってきました。

例えば、どんな点が引っかかるのかな？

バーガー博士

同じモノでも、世界中で値段が違うって聞きました。
だったら、円で買うよりも、ドルで買うほうが得かもしれない。
でも、日本ではドルでモノを買うことができない……。

おぉ、面白い視点だね。

プロローグ
小学生から始めたい、お金を巡る思考

お金とか経済を「円」を通して見てみたいなぁと思っています。

それは、とてもよい勉強になるね。じつは「円」、つまり「通貨」を通して物事を見るということを、私たちは意識していないからね。

では、みんなと一緒にビッグマックと「弱い円」について、考えてみたいです。

ビッグマックと「弱い円」は、どのような関係があるのか？
本書をじっくりお読みください。

プロローグ　小学生から始めたい、お金を巡る思考 ………… 002

第 1 章
ビッグマックで見る、日本と世界の経済

1 ビッグマックの値段はなぜ480円で、
最近値上がりしたのですか？ ………… 010

2 本場アメリカのビッグマック、
850円もするのはなぜ？ ………… 014

3 なぜ「米ドル／円相場」の数字が大きくなると
「円安」なのですか？ ………… 018

4 そもそもお金の価値とは……？ ………… 022

5 日本はデフレからインフレになったのですか？ ………… 026

6 日本のビッグマックの価格は
世界の他の国と比べても安いのですか？ ………… 030

7 ビッグマックの価格が世界の中で
割安なのは悪いことですか？ ………… 034

8 「経済が弱い」とはどういうことですか？ ………… 038

9 経済が強いか弱いかをはかる、
具体的なモノサシはあるのですか？ ………… 042

10 国際的に見て円の価値が大幅に下落しているのは、
日本経済が弱いからですか？ ………… 046

COLUMN 金融パーソンの日常① ………… 050

第 2 章
外国為替相場を理解しよう

1. 円相場って「米ドル／円相場」以外にもあるのですか? ……052

2. 米ドル／円相場だけを見ていればよいのですか? ……056

3. なぜ米ドル／円相場は米ドルが先にくるのに、ユーロ／米ドル相場は米ドルが後にくるのですか? ……060

4. 基軸通貨ってなんですか? ……064

5. FX取引って為替相場と関係があるのですか? 危険なのですか? ……068

6. 為替市場ではどのくらいのお金が取引されているのですか? ……072

7. 購買力平価ってなんですか? ……076

8. 実質実効レートってなんですか? ……080

9. 最近貿易収支が赤字になったとか、デジタル赤字が増えているとか聞くのですが、何が起きているのですか? ……084

10. 為替介入ってなんですか? 誰が何をしているのですか? ……088

COLUMN 金融パーソンの日常② ……092

第 3 章
弱い円ができるまで

1. お札は誰がつくっていて、どのようにして
   僕たちの手元に届くのですか？ ……… 094

2. 日本のお金はいつから「円」になったのですか？ ……… 098

3. 米ドル／円相場は1ドル＝1円から始まっているって
   本当ですか？ ……… 102

4. 米ドル／円相場はどうして1ドル＝360円まで
   大幅な円安となったのですか？ ……… 106

5. その後、米ドル／円相場はどうして1ドル＝75円まで
   大幅な円高となったのですか？ ……… 110

6. 2012年以降はまた円安になったのですね。
   なぜまた円が弱くなり始めたのですか？ ……… 114

7. 貿易収支は赤字でも経常収支は黒字ですよね？
   それでも円は弱くなったのですか？ ……… 118

8. 日本の金利が低過ぎることも円安の要因なのですか？
   なぜ日本の金利は低いままなのですか？ ……… 122

9. なぜ世界や日本の物価は上がり始めたのですか？ ……… 126

10. 実質金利がマイナスってどういう意味ですか？
    預金や現金が目減りしているって本当ですか？ ……… 130

11. 日本経済にとって
    円安と円高どちらがよいのですか？ ……… 134

COLUMN 金融パーソンの日常③ ……… 138

第 4 章
投資って何をすればよいの？

1. 投資とギャンブルはどこが違うのですか？ 140
2. 投資はやらなければいけないことですか？
   預貯金をコツコツ貯めるのが一番安全じゃないですか？ 144
3. 分散投資ってなんですか？
   投資のコツってありますか？ 148
4. 債券に投資するのと株式に投資するのは
   どう違うのですか？ 152
5. マイナス金利は何の金利が
   マイナスだったのですか？ 156
6. 株式投資って危なくないのですか？ 160
7. 日経平均株価とはそもそもなんですか？ 164
8. 暗号資産（仮想通貨）は
   投資対象にならないのですか？ 168
9. 投資を始めるとしたら
   結局何から始めればよいですか？ 172
10. やっぱりNISAから始めればよいのですか？ 176

COLUMN 金融パーソンの日常④ 180

第5章
失われた30年から学ぶ日本の反省と未来

1. 失われた30年ってどういう意味ですか? ……………………………… 182
2. 日本政府は借金のし過ぎなのですか?
   いずれ破綻しないのですか? ……………………………… 186
3. なぜ、失われた30年になってしまったのですか?①
   新陳代謝を避け、非効率な企業を助けてきたから ……………………………… 190
4. なぜ、失われた30年になってしまったのですか?②
   日本的な労働慣行、企業の人事制度が依然として
   存続しているから ……………………………… 194
5. なぜ、失われた30年になってしまったのですか?③
   首相や大臣が頻繁に変わり過ぎるから ……………………………… 198
6. なぜ、失われた30年になってしまったのですか?④
   問題の原因をマーケットに求め、
   本質的な問題から目を背けてきたから ……………………………… 202
7. なぜ、失われた30年になってしまったのですか?⑤
   企業の海外生産移管を歓迎してしまったから ……………………………… 206
8. なぜ、失われた30年になってしまったのですか?⑥
   金融政策と財政政策に頼り過ぎて、
   構造改革を進められなかったから ……………………………… 210
9. もう日本経済はダメなのですか?
   これからも弱いままで復活できないのですか? ……………………………… 214

用語集 ……………………………… 218

おわりに ……………………………… 220

第 1 章

ビッグマックで見る、日本と世界の経済

1

ビッグマックの値段は
なぜ480円で、
最近値上がり
したのですか？

第1章
ビッグマックで見る、日本と世界の経済

マネオくんは、ビッグマックの値段について考えていた。そこで博士に質問してみた。

マネオ

バーガー博士、最近ビッグマックがまた値上げされたみたいですね。1個450円だったのに480円に値上がりしました。そもそもビッグマックの値段はどうやって決まっていて、なぜ値上げされたのでしょうか？

バーガー博士

マクドナルドという会社が、ビッグマックをつくって、マネオくんの手に渡るまでには色々お金がかかるのだよ。ビッグマックの値段は、お店でビッグマックを提供するためにかかったお金に、マクドナルドという会社の利益を足した金額になるんだ。最近、いろいろなものが値上がりしたから、ビッグマックも値上がりしたんだね。

ビッグマックをつくるためには、パンとハンバーグ、チーズ、ピクルス、たまねぎ、レタスなどが必要なので、これらの材料を買うお金が必要となる。この他、ハンバーグを焼く機械なども、電気代やガス代がかかる。また、マクドナルドで働く人に払うお給料もかかる。お店で働いてビッグマックをつくってくれたり、レジで渡してくれる人の他にも、本部のオフィスで国内や海外の生産者と連絡をとって肉や野菜を大量に購入する人や、どこにお店を出すかなど

011

の計画をする人のお給料も払う必要がある。働く人に支払う給料のことを「人件費」と言う。

この他に、マクドナルドのお店が建っている場所の土地を借りるための家賃とか、お店を建てるために大工さんに支払う給料も必要。もちろん、マクドナルドという会社のもうけ（利益）も必要。後で説明するが、マクドナルドは株式会社だから、投資家（株主）が出資（お金を提供すること）をしてビジネスを行っている会社。その出資をしている投資家（株主）に儲け（利益）の一部を渡す必要もある。この株主に渡す利益の一部を「配当」と言う。

最近ビッグマックの値段が値上がりしたのは、ビッグマックをつくるための材料の値段が上がっているからだと考えられる。このほか、最近ニュースでも、働く人の給料が上がっているという話をよく耳にする。つまり、人件費の上昇が値上がりの理由のひとつになっている可能性もある。このほか、電気代やガス代も上がっているからそれも値上がりの理由だろう。

マクドナルド以外のお店で売っている色々な物の値段も、同じようにそれらをつくってお店で買えるようにするためにお金がかかる。難しい言葉を使うと、これを「コスト」と言う。日本語では「費用」と言う。

ちなみにビッグマックの値段は日本の都市部だと少し高めになっている。大きな都市だと人件費やお店を建てる土地にかかる費用が他の場所に比べて高いからだと思われる。

第1章
ビッグマックで見る、日本と世界の経済

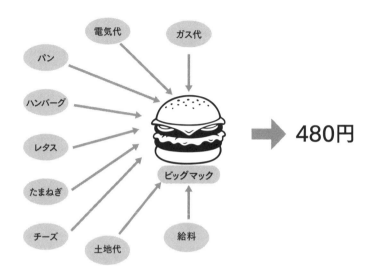

ビッグマックをつくるためにかかったお金と
マクドナルドという会社の利益を足すと480円

まとめ

ビッグマックは、多くのモノとヒトがかかわって、
つくられている。

2

本場アメリカの
ビッグマック、
850円もするのは
なぜ？

第1章
ビッグマックで見る、日本と世界の経済

バーガー博士、ビッグマックはアメリカで買っても480円なのですか？

いやいや、そもそもそれは外国為替相場(がいこくかわせそうば)の水準によって変わってしまうのだけど、今だとアメリカのビッグマックは日本円で850円もするよ。セットの価格じゃなくて、ビッグマック１つで850円もするのだよ。

マクドナルドはアメリカの会社だけど、お店は世界中にある。ビッグマックはアメリカでも日本でもだいたい同じサイズで、味もほとんど変わらない。ただ、アメリカでビッグマックを注文すると、日本円に換算すると850円もする。なぜアメリカのビッグマックは日本と同じ大きさなのに日本の1.8倍も高いのだろうか？

答えは円と米ドルの交換レートが原因だ。ニュースなどで「**米ドル／円相場**」という言葉を聞いたことがあると思う。これが何かを説明しよう。日本で使われているお金は「円」だ。基本的に「円」は日本でしか使えない。一方、アメリカで使われているお金は「米ドル」。一部例外もあるが、ほとんどの国では自国通貨でしかモノやサービスを買うことができない。

したがって、海外に遊びに行ったり、海外からモノやサー

015

ビスを買ったりする時には、現地の通貨と円を交換する必要がある。日本人がアメリカに行く時は円から米ドルに交換し、アメリカ人が日本に来る時は米ドルから円に交換する。

このように、「円」と「米ドル」を交換する時、何円と何ドルで交換するかを決める必要があるわけだが、その交換比率が「米ドル／円相場」だ。世の中にはたくさんの国があるので、たくさんの通貨が存在する。それぞれの通貨と通貨の交換比率のことを「外国為替相場」と言う。通貨と通貨の交換は毎日世界中で頻繁に行われているので、外国為替相場は、日本の月曜日の早朝から、アメリカの金曜日の夕方（日本の土曜日の朝）まで、常に変化している。

英国のエコノミスト誌が世界のビッグマックの価格を調べていて、アメリカのビッグマックの価格は平均すると5.69米ドルだそうだ（2024年7月公表のデータ）。今、円を米ドルに交換しようとすると、1米ドルを受け取るのに150円必要になる。簡単な掛け算をすると、150円（米ドルと円の交換レート）×5.69米ドル（アメリカのビッグマックの値段）＝約850円になる。

もし、今よりももっと米ドルが高くなって、円が弱くなって、**1米ドル＝180円になってしまったら、アメリカのビッグマックは1,024円になってしまい、千円札1枚ではビッグマック1個（飲み物・ポテト付きのセットではなく、ビッグマック1つだけ）も買えなくなってしまう。**

016

第1章
ビッグマックで見る、日本と世界の経済

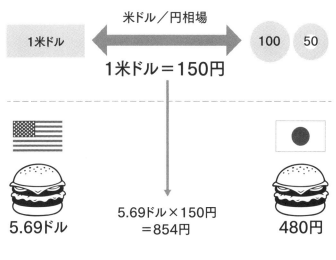

米ドル／円 相場が1米ドル＝150円の時は
アメリカのビッグマックは約850円

まとめ

1米ドル＝180円になると、アメリカのビッグマックは、千円札では買えなくなる！

3

なぜ「米ドル／円相場」
の数字が大きくなると
「円安」なのですか？

第1章
ビッグマックで見る、日本と世界の経済

最近よく聞く「円安」というやつですね？ただ、よくわからないのですが、なぜ米ドルと円の交換レートの数字が大きくなると「円安」なのですか？

米ドルと円の交換レートは、米ドルが何円か、というかたちで表示するからだよ。だから、数字が大きくなると「米ドル高」と考えた方がいいね。交換レートだから、「米ドル高」と「円安」は同じ意味だね。

　通貨と通貨の交換を行う外国為替市場は、日本人だけではなく、世界中の人々が参加している市場。米ドルと円の交換レートだけではなく、米ドルとオーストラリア・ドルの交換レート、米ドルとイギリス・ポンドの交換レート、オーストラリア・ドルと円の交換レートなど、世界の通貨の数だけ交換レートがある。したがって、一定のルールで交換レートを見る必要がある。

　例えば、米ドルと円の交換レートである、米ドル／円相場は「1米ドル＝何円」というレートで見ることが慣習として決まっている。米ドル／円相場は、米ドルを主語とする慣習になっていて、米ドル／円相場＝150円というのは、1米ドル札と交換するために150円必要という意味だ。

　これを円を主語にしてしまうと、1円＝0.00666米ドルとい

うことになる。これは1米ドル＝150円と同じ意味だが、人や国によってどちらを主語にするかが違っていると、分かりにくくなってしまう。だから、米ドル／円相場は米ドルを主語にして、1米ドル＝XXX円と表示される。

　例えば米ドル／円相場が150円から170円になるということは、1米ドルを受け取るのに必要な円が150円から170円となることを意味する。つまり、1米ドルの価格が高くなっている。だから米ドル／円相場の数字が大きくなるのは、「米ドル高・円安」を意味する。それでも分かりにくいと思うので、数字が大きくなると「米ドル高」と覚えて、米ドル高と円安は同じ意味だから、**「米ドル高（＝円安）」と覚えておけばよい。**逆に数字が小さくなると「米ドル安（＝円高）」と覚えればよい。

　日本ではよく、「円／ドル相場」と呼んで、グラフを上下逆さまにして表示するメディアもあるけど、これは他の国では通用しないし、正しく理解し始めた後には逆に混乱するので避けた方がいい。普通に150円より170円が上になるグラフで、数字が大きくなると、**米ドルが高くなっているから「円安」、米ドルが安くなっているから「円高」なんだと理解する習慣をつけてしまった方がよい。**つまり、米ドルを主語に考えればよいということだ。プロの世界では「米ドル／円相場が上がった」とか「下がった」としか言わない。もちろん、「上がった」は米ドル高（＝円安）のことで、「下がった」は米ドル安（＝円高）のことだ。

第1章
ビッグマックで見る、日本と世界の経済

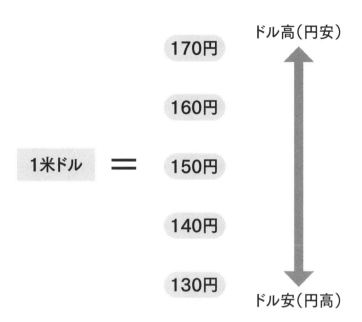

米ドル／円 相場は米ドルを主語にして考えること!!

まとめ

米ドル高＝円安、米ドル安＝円高。

4

そもそもお金の
価値とは……？

第1章
ビッグマックで見る、日本と世界の経済

バーガー博士、世界には円とか米ドルとか英ポンドとか、たくさんの種類のお金があるみたいだけど、そもそもなぜお金には価値があって、なぜお金でビッグマックを買えるのですか？

お金自体に価値があるわけじゃないのだよ。実は千円札をつくるのには20円程度しかかからない。ただ、千円札をもらうのに一定程度働かなければならないから千円札に価値があるんだ。

日本ではお札を印刷しているのは財務省だが、発行するのは日本銀行という中央銀行だ。つまり、日本銀行を通じて初めて世に出た時点でお札はお金となる。千円札も1万円札もつくるのにそれほどお金がかからず、1枚だいたい20円程度だ。なぜ20円しかかからない紙切れが千円の価値があるかというと、千円札という紙切れを受け取るのに働かなければならないからだ。「自分でつくっちゃえばいいじゃん！」と思った人もいるかもしれないけど、ニセ札をつくることは法律で禁止されていて逮捕されてしまう。しかも重罪だ。そもそも、お札は細かい細工がしてあるので、ニセ札は簡単にはつくることができない。

最初の方で、ビッグマックの値段の中には、マクドナルド

で働く人に払う給料（人件費）も含まれると説明した。仮に
マクドナルドのお店で働き、時給1,000円もらえるとすると、
1時間働いてもらえるお金（千円札）でビッグマックが2個買
える。つまり、1時間働く労力と、ビッグマック2個を交換
することに皆が納得していて、その間を繋いでいるのが千円
札ということになる。

　もし、政府が国民にお金をたくさん配ろうと決めて、あま
り働かなくてもたくさんの千円札が手元に入ってきたとしよ
う。働かなくても千円札をたくさん手に入れられたら、千円
札2枚払って、ビッグマックを4個買いたくなる。そうなる
と、パンやハンバーグなどの材料もたくさん必要になってき
て材料の値段は上がるし、マクドナルドで働く人は忙しく
なってしまうので、時給1,000円では働きたくなくなる。

　みんなが働かなくてもたくさんお金をもらうようになると、
様々なモノの需要が増えて、中には足りなくなるものもある。
マクドナルドで働いてくれる人も足りなくなって、マクドナ
ルドが時給を2,000円に引き上げる必要が出てくる。そうし
たら、ビッグマックをつくって、お店で売るためにかかるお
金（コスト）が増えるから、ビッグマック1つの価格も値上
げしなければならなくなる。

　お金は一定時間働いたことに対する成果として受け取るか
ら価値が保たれていて、何もしなくてもどんどん配られてし
まうようになったら価値は落ちる。

　モノやサービスの「価格（値段）」というのは、お金の『価
値』の反対側の意味になる。モノやサービスの「価格（値

第1章
ビッグマックで見る、日本と世界の経済

段)」が上昇するということは、お金の『価値』が下落していることを意味する。逆にモノやサービスの「価格（値段）」が下落するということは、お金の『価値』が上昇していることを意味する。

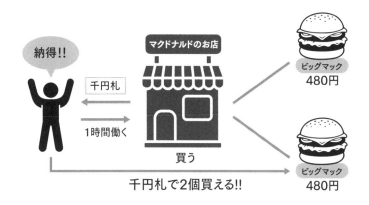

お金に価値があるのは
働くことによって受け取ることができるから

まとめ

モノやサービスの「価格（値段）」が上昇するということは、お金の『価値』が下落していることを意味する。

5

日本は
デフレから
インフレに
なったのですか？

第1章
ビッグマックで見る、日本と世界の経済

最近インフレという言葉をよく聞きますが、モノやサービスの価格が上がることをインフレと言うのですか？　日本は最近インフレになっているということでいいですか？

そうだね。インフレとはインフレーションの略でモノやサービスの価格が上がることを意味するのだよ。その逆の言葉がデフレ。これはデフレーションの略でモノやサービスの価格が下がることを意味するのだ。たしかに日本はデフレからインフレに変化してきたと言えるね。

モノやサービスの価格の変化を知るには、一般的に消費者物価指数（CPI）というデータを見る。これは消費者が買うモノやサービスの価格を細かく調べて、最終的には全体を示すひとつの数字（指数）にして、その指数の前の月や前の年からの変化率（インフレ率）を見ることによって、モノやサービスの価格がどのように変化しているかが分かる。

消費者物価指数をつくる時に調査対象となる価格の中には、変動が大きくなりやすい生鮮食品とかエネルギーの価格も含まれているので、全体の指数の他に、こうした生鮮食品とかエネルギーの価格を除いた指数なども作成されている。

例えば生鮮食品とエネルギーの価格を除いた消費者物価指数の変化を見ると、1980年代前半に前年比＋7〜8％程度のインフレ率から急速に低下し、その後1980年代後半から1990年代にかけてもインフレ率は徐々に低くなっていき、2000年代に入ってから2013年頃までほぼ毎年、前年に比べて価格が下がることが多くなってしまった。つまり物価の変化率（インフレ率）がマイナスとなるようになってしまった。こうした状態をデフレーション（デフレ）と言う。

　2014年以降は小幅ながらプラスの伸び、つまり物価が上昇するようになったが、前年に比べて1％以下の伸びが続き、本当にデフレーション（デフレ）の状態からインフレーション（インフレ）の状態に変化したかは分からないような状態が続いた。

　もっとも、2023年の消費者物価指数（生鮮食品とエネルギーを除く）は2022年に比べて＋4％も上昇した。これは1981年以来42年ぶりの高い伸び（インフレ率）となった。このままインフレ率が高い状態が続くかどうかはまだ定かではないが、日本経済がデフレ状態からインフレ状態に変化してきた可能性は高くなっていると考えられる。

第1章
ビッグマックで見る、日本と世界の経済

日本の消費者物価指数

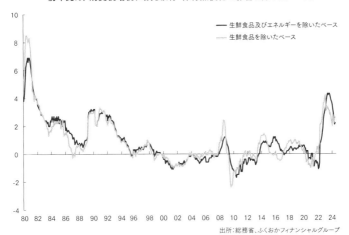

インフレーション＝価格上昇＝お金の価値低下
デフレーション＝価格低下＝お金の価値上昇

まとめ

2023年の消費者物価指数（生鮮食品とエネルギーを除く）は2022年に比べて＋4％も上昇した。これは1981年以来42年ぶりの高い伸び（インフレ率）となった。

6

日本の
ビッグマックの価格は
世界の他の国と比べても
安いのですか？

第1章
ビッグマックで見る、日本と世界の経済

バーガー博士、ビッグマックの価格が日本よりアメリカの方がずっと高いのは分かったけど、他の国と比べても日本のビッグマックは安いのですか？

世界の中では日本のビッグマックはかなり安い方になっていて、主要な国の中では下から数えて11番目。だいたい中国と同じくらいだね。

世界中のビッグマックの価格は、『エコノミスト』というイギリスのビジネス雑誌が、毎年2回、約50カ国・地域の価格を調査・比較してくれている。この調査の範囲内で、ビッグマックが最も高いのはスイス。スイスではビッグマックの価格が7.10スイス・フランで、今のスイス・フランと円の交換レートは1スイス・フラン＝170円くらいなので、スイスのビッグマックの値段を円に換算してみると170円×7.10スイス・フラン＝1,207円もする。これはセットの価格ではなく、ビッグマック1つの価格。実に日本のビッグマックの2.5倍もする。

次に高いのはウルグアイで、その次がノルウェー。ノルウェーではビッグマックの価格が74ノルウェー・クローネで、今のノルウェー・クローネと円の交換レートは1ノルウェー・クローネ＝14円くらい。したがって、ノルウェー

のビッグマックの価格を円に換算してみると14円×74ノルウェー・クローネで1,036円となる。

その次に高いのが、アメリカ、イギリス、ユーロ圏、カナダなどで、概ね同じくらいの価格。つまり、日本円に換算するとだいたい800〜900円前後。

調査対象の国・地域の中で真ん中より少し下くらいに位置するのが、お隣の韓国。韓国のビッグマックの価格を円に換算すると600円くらいなので、日本の価格より25％くらい割高になっている。日本の順番は下から数えて11番目で、中国よりも少し下の水準となっている。

エコノミスト誌の調査によると、今から24年前の2000年4月時点の日本のビッグマックの価格は世界の中で上から5番目くらいに高かった。日本のビッグマックの価格は当時294円で、アメリカのビッグマックの価格は2.24米ドルだった。当時の米ドル／円相場は1米ドル＝105円前後だったので、アメリカのビッグマックの価格は日本円で240円程度で、日本よりも安かった。

過去24年間で、日本のビッグマックの価格は294円から480円まで1.6倍程度にしか値上がりしていない一方、アメリカのビッグマックの価格は2.24米ドルから5.69米ドルと2.5倍も値上がりしていることが分かる。さらに、1米ドルと交換するために必要な円が、105円から150円に大幅に増えてしまった。つまり、アメリカでビッグマックの米ドル建て価格が大きく上昇したことと、一方で円の価値が米ドルに対して大幅に下がってしまったことが、以前と比べるとアメリカ

第1章
ビッグマックで見る、日本と世界の経済

でビッグマックを買うのに必要な円が多くなっていることの原因であることが分かる。

(注)『エコノミスト誌』調査の価格は2024年7月時点。

各国のビッグマック円建て価格(2024円7月)

1	スイス	1,214円	19 ヴェネズエラ	747円	37 パキスタン	575円
2	ウルグアイ	1,064円	20 コロンビア	738円	38 タイ	570円
3	ノルウェー	1,018円	21 UAE	737円	39 アゼルバイジャン	544円
4	アルゼンチン	985円	22 トルコ	704円	40 モルドバ	538円
5	ユーロ圏	912円	23 チェコ	697円	41 ルーマニア	531円
6	英国	887円	24 クウェート	689円	**42 中国**	**531円**
7	**米国**	**854円**	25 ペルー	684円	43 ヨルダン	531円
8	デンマーク	851円	26 チリ	683円	**44 日本**	**480円**
9	コスタリカ	846円	27 イスラエル	680円	45 ヴェトナム	453円
10	スウェーデン	842円	28 バーレーン	678円	46 香港	443円
11	カナダ	830円	29 ニカラグア	653円	47 ウクライナ	433円
12	ポーランド	792円	30 ブラジル	636円	48 マレーシア	431円
13	レバノン	773円	31 ホンジュラス	619円	49 フィリピン	430円
14	メキシコ	767円	32 グアテマラ	602円	50 南アフリカ	429円
15	サウジアラビア	762円	**33 韓国**	**601円**	51 インド	413円
16	オーストラリア	761円	34 オマーン	598円	52 エジプト	372円
17	ニュージーランド	751円	35 ハンガリー	587円	53 インドネシア	370円
18	シンガポール	748円	36 カタール	579円	54 台湾	343円

出所:エコノミスト誌のデータを用いて筆者が計算

スイスではビッグマック1個の値段が1200円以上もする。
日本のビッグマックの値段は中国や韓国よりも安い

まとめ

過去24年間でアメリカではビッグマックを買うのに必要な米ドルが2.5倍に増え、米ドルと交換するのに必要な円が105円から150円に増えた。

033

7

ビッグマックの価格が
世界の中で
割安なのは
悪いことですか？

第1章
ビッグマックで見る、日本と世界の経済

バーガー博士、日本のビッグマックの価格が世界全体の中で安い方であるのは悪いことなのですか？ 安く買えるからよいことではないですか？

日本の中だけで考えたら安く買えるのは悪いことではないけど、その理由に問題があるのだよ。日本のビッグマックが割安というより、日本円を使って他の国でビッグマックを買おうとすると、より多くの円を必要とするようになっている。つまり、日本円の価値が世界の中で低く見られているのだよ。

日本のビッグマックの価格がアメリカよりも大幅に安くなっているのは、2つのことが影響している。

ひとつはアメリカのビッグマックの米ドル価格の上昇率が、日本のビッグマックの円価格の上昇率より大幅に大きいこと。もうひとつは、円が対米ドルで大幅に安くなっていること。

つまり、アメリカでは、ビッグマック1つを買うのに、より多くの米ドルを必要とするようになっているのに、それに加えて、その米ドルと交換するのにより多くの円を必要とするようになっているということだ。

前にも説明したように、モノやサービスの「価格」が上昇するということは、お金の『価値』が下落していることを意

味する。逆にモノやサービスの「価格（値段）」が下落するということは、お金の『価値』が上昇している。

　だから、アメリカでビッグマックの米ドル建ての価格が日本よりも大きく上昇しているということは、それぞれの国で別々に考えると、ビッグマックに対して円よりも米ドルの価値の方がより大きく下落していることを意味している。だから、普通に考えれば米ドルに対して円の価値が上昇しているはずなのに、実際には米ドルに対して円は下落して、大幅に円安が進んでいる。その結果、円で海外のビッグマックを買う時により多くの円を必要とするようになっている。つまり、海外のビッグマックに対する円の価値が大幅に下がっているということになる。

　日本国内で閉じた世界では、円の価値はさほど下がっていないのに、国際的に見ると、円の価値が大幅に下がっているということになる。そして、それは円でお給料をもらっている我々の労働の価値が世界の中で低く評価されていることも意味する。

第1章
ビッグマックで見る、日本と世界の経済

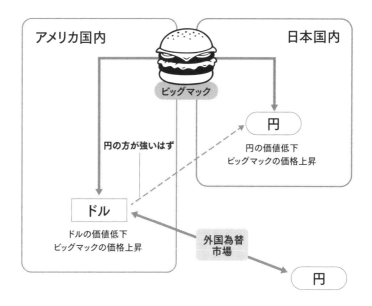

円の価値は国内ではそれほど下落していないのに
国際的な評価が大きく下落している。
だから外国でビッグマックを買おうとすると高くなる

まとめ

世界の中で、円の価値は大幅に
低く評価されている。

8

「経済が弱い」とは
どういうことですか？

第1章
ビッグマックで見る、日本と世界の経済

バーガー博士、そもそも経済って何ですか？「日本は経済が弱い」とか言われるけど、それは具体的にどういうことなのですか？

例えば経済全体をビッグマックで説明するならば、ビッグマックをつくること（生産）、ビッグマックを買うこと（消費）、ビッグマックをつくって売ったことにより得た利益を働く人などに払うこと（分配）の流れ全体のことを経済と言うのだ。経済が弱いというのは、こうした活動があまり活発ではないことを意味するのだね。

「経済」の意味を一言で説明するとすれば、「私たち人間が生きていくための活動」と言うことができる。私たちは日々生きていくために何かを食べたり飲んだりしなければならない。住む家も必要だし、着る洋服も必要だし、はく靴も必要だ。毎日食べて寝るだけの生活だけではなく、ゲームをしたり、動画を見たり、旅行をしたりもしたくなる。勉強もしなくてはならない。食べ物や飲み物、家や洋服や靴は自分でつくってもよいが、みんなが全てをできるわけではないので、食べ物や飲み物、家や洋服、靴をつくってくれる人がいる。ゲームや動画も誰かがつくってくれたもので遊んだり、見たりしている。乗り物をつくる人、動かしてくれる

039

人もいる。旅行先で泊まるところや食事を提供してくれる人がいる。勉強を教えてくれる人も必要だし、教材を考えてつくってくれる人も必要だ。

　私たちは生きていく上で、このように他の多くの人がつくってくれたモノやサービスに頼って生きている。その際、モノやサービスと交換に渡すのがお金になる。経済が強いというのは、こうしたモノやサービスとお金の交換が活発に行われていることを意味し、経済が弱いというのは、こうした交換があまり活発に行われていないことを意味する。

　またビッグマックを使って説明すると、みんながビッグマックをたくさん食べたいと思うようになると、お肉や野菜、パンをつくっている人はたくさんつくらなければならなくなって、その分受け取るお金が多くなる。そうしたらそういうお肉や野菜、パンをつくる人がビッグマックをもっと食べたいと思うようになる。そうしたらお肉や野菜、パンをつくっている人はさらにたくさんつくらなければならなくなって、その分受け取るお金が多くなる。こういう活動がどんどん活発になっていく状態が「経済活動が活発」とか「経済が強い」というような言い方をする。

第1章
ビッグマックで見る、日本と世界の経済

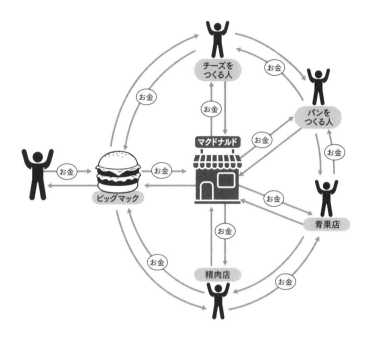

モノをつくったりサービスを提供する人は、
一方でモノやサービスを買う側の人でもある

まとめ

「経済が弱い」とはモノやサービスとお金の交換が
活発に行われていない状態。

9

経済が強いか
弱いかをはかる、
具体的なモノサシは
あるのですか？

第1章
ビッグマックで見る、日本と世界の経済

バーガー博士、日本経済が強いか弱いか、具体的な数字でそれが分かるような、モノサシはあるのですか？

政府が中心になって、経済活動の度合いを示す経済指標というのをつくって発表したりしているよ。その中で最も経済全体の状況を測って示しているのが、国内総生産（Gross Domestic Product）という指標だね。

前の項目でも説明したように、経済活動は様々なかたちで行われる。したがって、例えばマクドナルドにお客さんがたくさん入っているか、マクドナルドが儲かっているかだけでは、経済全体が強いのか弱いのか分からない。だから、基本的には政府が中心となって色々なデータが公表されている。鉱工業製品がどのくらい生産、出荷されていて、在庫がどの程度あるのかを示すデータ。賃金がどのくらい支払われているかを示したり、失業者が全体の労働者の中にどのくらいいるのかというデータ。世の中の物価がどのくらい変化しているかを示すデータなど、様々な経済活動のある側面を捉えたデータがたくさん公表されている。

その中でも、**国内総生産（Gross Domestic Product、GDP）は、一定期間に国内で生産されたモノや提供されたサービス全体の付加価値の合計を示すデータ**となっている。

043

「付加価値」というと分かりにくいかもしれないが、「新しく生み出された価値」のことを示す。もう少し分かりやすく言えば、「利益」とほぼ同じ意味だと考えればいい。

経済活動は、モノをつくったり、そのモノを仕入れて違うモノをつくったり、それを売ったり、買ったり、食べたり、飲んだり、遊んだり、と様々な人がある時はつくる側、ある時は買う側になって動き続けている。ただ、モノやサービスを提供する側に「利益」がないと、経済活動は続かなくなっていく。だから、経済活動から発生する利益の総額を見たものが「GDP」。

よく、世界一の経済大国はアメリカで、昔は日本が2位だったのに、今では中国、ドイツに抜かれて4位になった、という話をされることがあるが、これも1年間のGDPの大きさを比べている。ただ、こうした比べ方は「規模」なので、例えば人口が多い中国が有利ということも言える。経済が「強い」か「弱い」かを比べる時には、GDPの「増加率」で見る方がよい。この**GDPの「増加率」のことを「経済成長率」と呼んだりもする。**

第1章
ビッグマックで見る、日本と世界の経済

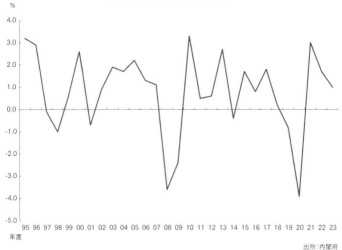

出所：内閣府

過去約30年、日本の経済成長率の平均は＋0.8％程度

> **まとめ**
>
> 国内総生産（Gross Domestic Product、GDP）は経済活動全体を表すモノサシ。

10

国際的に見て
円の価値が大幅に
下落しているのは、
日本経済が
弱いからですか？

第1章
ビッグマックで見る、日本と世界の経済

バーガー博士、国際的に見て円の価値が大幅に下落しているのは、日本経済が弱いからですか？

日本経済が弱くなったからだけではなく、日本企業が国内ではなく海外で生産を増やすようになったことや、様々なモノやサービスを輸入に頼るようになったことも原因だね。

アメリカに戦争で負けた後、日本経済は1960年代から1980年代にかけて急速に成長し、日本の経済力は世界でも注目される強い国になった。**1979年には、エズラ・ヴォーゲルというアメリカの学者が『ジャパン・アズ・ナンバーワン：アメリカにとってのレッスン』という本を書いて、日本経済の強さの背景を分析したことも話題になった。**

とくに1980年代後半には経済が非常に好調となり、土地や建物の価格や株価も急騰し、日本人の多くが強い経済に酔いしれもっと強い経済が続くと信じるような状態となった。この時のことを「**バブル経済**」と呼んでいる。ただ、1990年代に入ると、土地や建物の価格も株価も急落し、日本経済は急速に冷え込んでいった。つまり、「バブル経済」は崩壊し、そこから日本経済は「**失われた30年**」と言われる時代に入り、経済成長率は非常に低い状態が続き、物価も賃金も上がらな

047

いという状態が続いた。

1990年代から2012年頃までは、日本経済は成長率が低かったにも拘わらず、円は他の国の通貨に対して強い時代が続いた。つまり、日本経済が弱いことがそのまま通貨の弱さには繋がらなかったということだ。これは国内の経済活動は弱くなっても、日本企業が国内で質の高い製品を生産し、輸出を行い続けていた結果、多額の外貨（多額の貿易黒字）を稼げていたことが背景にあった。

それが、2013年から安倍元首相が開始した「アベノミクス」と呼ばれる経済政策下で、日本銀行が量的・質的緩和政策と呼ばれる政策を実行して以来、円が弱くなり始めた。なぜ弱くなり始めたかは他にも様々な理由があるので、もっと後の章で詳しく解説するが、一番分かりやすいのは貿易収支の黒字が稼げなくなり、赤字になりやすい経済構造になったことだと考えられる。

なぜ黒字が稼げなくなったかと言うと、**2013年頃から日本企業が生産拠点を国外に移す動きが大きくなり、ビジネスも海外で拡大することに集中し始めたため、日本からの輸出が増えなくなってしまったことが大きく影響している。2011年の東日本大震災も影響しているかもしれない。加えて、エネルギーや食料、鉱物などの価格が高くなり始めた。**新興国と呼ばれる国々が成長しエネルギーを大量に使い始めたことも原因かもしれない。日本はエネルギーや食料のかなりの部分を輸入に頼っていたため、価格上昇が輸入額増加に繋がったと考えられる。

第1章
ビッグマックで見る、日本と世界の経済

　海外からモノを輸入するためには、米ドルなどの外貨が必要。円を売って外貨を買うから円安になりやすい。

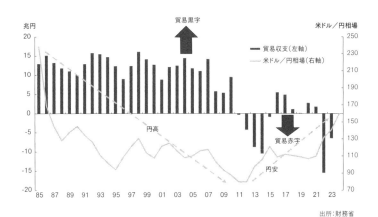

日本の貿易収支と米ドル／円相場

出所：財務省

日本は1980～90年代は大幅な貿易黒字を稼いでいたが、近年は貿易赤字になることが多くなってきた
2011年の東日本大震災も影響しているかもしれない

まとめ

輸出が増えていない一方、輸入が増えたことが円が弱い通貨となった一因。

COLUMN

金融パーソンの日常①

　金融機関で働く人の中でも、マーケット関連の仕事をする人の朝は早い。ヨーロッパや米国の時間帯にもマーケットは動くので、朝早く起きて、寝ている間に起きたことやマーケットの動きをチェックする。朝5時45分から始まるテレビ東京系列の『モーニングサテライト』という番組を見ながら出勤の支度をする人も多い。とにかく、マーケット関連の仕事は朝が勝負なのだ。

第 **2** 章

外国為替相場を理解しよう

1

円相場って
「米ドル／円相場」
以外にも
あるのですか？

第 2 章
外国為替相場を理解しよう

マネオ

バーガー博士、ニュースで時々ユーロ／円相場って出ているのを見たりするのですが、円相場って米ドル／円相場以外にもあるのですか？

バーガー博士

日本では外国為替相場というと、円相場のことを指して、円相場と言えば米ドル／円相場みたいに思われることが多いけど、世界にはたくさんの通貨があって、その様々な通貨同士の交換レート全体が外国為替相場で、円とその他様々な通貨との交換レートも円相場なのだよ。

ヨーロッパの20カ国で共通通貨として使われているユーロのような例外はあるが、基本的に世界の国々は自国特有の通貨を発行しているので、世界には160種類前後の通貨があると言われている。そのうちのひとつが日本の円だ。例外はあるが、基本的にはある国の通貨はその国でしか使えないから、外国に行ったり、外国の人と何かを売買する取引をする時には、円を外国の通貨に交換しなければならない。その時に使う通貨と通貨の交換レートが外国為替相場と言う。

毎日、各国の通貨の交換（通貨の売買）は頻繁に行われていて、交換レートである為替相場はいつも変化している。日本の企業と取引したりするアメリカの企業が米ドルと円を交

換したい場合もあるから、日本の夜中の時間でも米ドル／円相場は常に変化している。その他の通貨同士の為替相場も同じで、通貨を取引する為替市場は日本時間で言うと、月曜日の早朝から土曜日の早朝（アメリカの金曜日夕方）まで、ずっと休むことなく動いている。

オーストラリアではオーストラリア・ドル（豪ドル）しか使えないので、オーストラリアに行く時には日本円を豪ドルに変える必要がある。日本の銀行でも変えられるし、日本やオーストラリアの空港でも変えられる。今の豪ドル／円相場は1豪ドル＝100円くらいだ。ちなみにオーストラリアではビッグマックが7.75豪ドル（エコノミスト誌調べ）なので、オーストラリアでビッグマックを買うと100円×7.75豪ドル＝775円ということになる。

為替相場のうち、円と外国通貨の交換レートのことを円相場と呼ぶから、基本的は160種類前後の円相場があることになる。ユーロ／円相場、豪ドル／円相場、英ポンド／円相場、人民元／円相場などは、全て円相場だ。同じことが米ドルでも言える。米ドル／円相場、ユーロ／米ドル相場、豪ドル／米ドル相場、英ポンド／米ドル相場。160種類前後の通貨のお互いの交換レートが全て為替相場だから、世界には（160×（160－1））÷2＝1万2,720種類前後の為替相場があることになる。ただ、もちろん全ての交換レートが毎日変動しているわけではなく、基本的には主要通貨と米ドルの交換レートが一般的に見られていて、それ以外の通貨同士のレートは計算して算出されていることが多い。

第2章
外国為替相場を理解しよう

2024年8月23日時点の外国為替相場

	米ドル	円	ユーロ	英ポンド	豪ドル	カナダドル	メキシコペソ	…
米ドル		144	1.12	1.32	0.68	1.35	19.1	
円	144		162	191	98	107	7.6	
ユーロ	1.12	162		0.85	1.65	1.51	21.4	
英ポンド	1.32	191	0.85		1.94	1.79	25.3	
豪ドル	0.68	98	1.65	1.94		0.92	13.0	
カナダドル	1.35	107	1.51	1.79	0.92		14.1	
メキシコペソ	19.1	7.6	21.4	25.3	13.0	14.1		
⋮								

為替レートは全て整合的に決まっている
一番左側の対ドル・レートがあればあとは全て計算できる

まとめ

世界160前後の通貨の交換レートが全て外国為替相場、対米ドルのレートが基本で、あとは計算で算出されることが多い。

055

2

米ドル／円相場
だけを見ていれば
よいのですか？

第2章
外国為替相場を理解しよう

バーガー博士、日本経済にとっては、米国との貿易や米国への投資などが多くて一番重要だから、米ドル／円相場だけを見ていればよいのですよね？ ニュースや新聞などでもほとんど米ドル／円相場の話しかしないですよね？

たしかに、日本経済にとっては米ドル／円相場が最も重要なのだけど、米ドル／円相場の動きの背景を分析したり理解したりしたい時、米ドル／円相場だけを見ていると何も分からないのだよ。円相場がなぜ動いているのか、日本がどういう状況になっているのかを正しく理解するためには、ユーロ／円相場や豪ドル／円相場のようなクロス円相場も見ることが大切だよ。

　日本からの輸出額と日本への輸入額の合計で見ると、中国に次いで米国が大きい。また、貿易をする際に使う通貨を見ると、日本の輸出額の半分、輸入額の7割はドル建てで貿易取引が行われているので、米ドル／円相場が日本経済にとって最重要なのは間違いない。
　しかし、米ドル／円相場が上昇（米ドル高・円安）している背景を考えなければならない時、それが米ドルが強くて上昇しているからなのか、円が弱くて下落しているからなのか

は、米ドル／円相場の動きを見ているだけでは分からない。米ドル／円相場以外の円相場のことを「**クロス円相場**」と呼ぶ。例えば、ユーロと円の交換レートであるユーロ／円相場や、豪ドルと円の交換レートである豪ドル／円相場は「クロス円相場」と呼ばれる。米ドル／円相場の動きの背景を正しく理解したいのであれば、必ずクロス円相場の動きも見る必要がある。

　為替相場は各通貨同士の交換レートが互いに絡みあって値付けされているので、それぞれの為替相場は整合性があるように動いている。例えば米ドル、ユーロ、円の3つの通貨同士の為替レートは3通りあるが、全てが整合性がとれて、ひとつだけかけ離れたレートとなることはない。

　米ドル／円相場が一方向に動いている時、クロス円相場が米ドル／円相場と同じ方向に向いて動いていたら、米ドル／円相場の動きは円が上昇・下落して動いていることを意味する。つまり、米ドル／円相場が上昇している時に、ユーロ／円相場、豪ドル／円相場も一緒に上昇していたら、それは円が売られていることが背景にある。

　逆にクロス円相場が米ドル／円相場と同じ方向に動いていなければ、米ドル／円相場の動きは米ドルが上昇・下落していることが理由となっていると言える。つまり、米ドルが主導して動いていると言える。米ドル／円相場が上昇している時に、ユーロ／円相場があまり動いていなかったら、ユーロ／米ドル相場を見てみよう。ユーロ安・米ドル高になっているはずだ。

第 2 章
外国為替相場を理解しよう

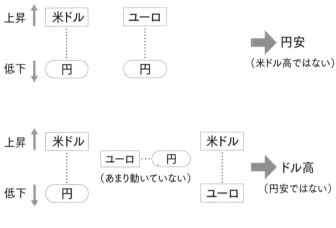

米ドル／円、ユーロ／円、豪ドル／円が同じ動きをしていたら、円が原因で動いている可能性が高い

> **まとめ**
>
> 米ドル／円相場がなぜ動いているかは
> 米ドル／円相場だけを見ていても分からない。

3

なぜ米ドル／円相場は
米ドルが先にくるのに、
ユーロ／米ドル相場は
米ドルが後にくるの
ですか？

第2章
外国為替相場を理解しよう

バーガー博士、米ドル／円相場は米ドルが主語で、1米ドル＝何円と考えなければいけないと言っていたのに、さっきはユーロ／米ドル相場って言いましたよね？　なんで、米ドルが後ろにくるのですか？

為替相場には慣習としてどちらを主語にするかが決まっているのだよ。そうじゃないと為替相場が1万2,720種類前後じゃなくて、2万5,440種類前後になってしまうのは、算数が得意なマネオくんなら分かるかな？　慣習として、いつも主語になるのはユーロ、次に主語になるのが英ポンド、豪ドルなどと決まっているのだよ。

各国はそれぞれ独自の通貨を発行して、国内ではその通貨しか使えないというのが原則だが、例外としてユーロという通貨がある。ユーロは欧州連合（EU）に加盟している20カ国で正式な共通通貨として使われ、その他モナコなどの一部の国で使われている。

　為替相場の中で、ユーロと他の通貨の交換レートは基本的にいつもユーロが主語になる。つまり、1ユーロ＝XX米ドル、1ユーロ＝XX円というかたちだ。次に主語になるケースが多いのが英ポンド。つまり、1英ポンド＝XX米ドル、1英ポンド＝XX円というかたちだ。でも、ユーロの方が先に

061

来るので、英ポンドとユーロの交換レートは1ユーロ＝XX英ポンドと表示される。

英ポンドの次に主語となることが多いのが豪ドルで、次がニュージーランド・ドル（NZドル）だ。1豪ドル＝XX米ドル、1豪ドル＝XX円というかたちだ。ただ、豪ドルとユーロや英ポンドの交換レートは、1ユーロ＝XX豪ドル、1英ポンド＝XX豪ドルとなる。

だんだん仕組みが分かってきてもらえただろうか？　ユーロ、英ポンド、豪ドル、NZドルの次に主語になることが多いのが米ドルだ。だから、1米ドル＝XX円だが、1ユーロ＝XX米ドル、1豪ドル＝XX米ドルという表示のしかたになる。円は基本的に主要通貨に対しては主語になることはないが、韓国ウォンとの交換レートの場合は、1円＝XXウォンと表示される。空港などでは逆にして表示されているケースもあるが、その場合は100ウォン＝XX円と表示されている。

若干ややこしいが、これが世界の慣習である。その慣習から外れ、円・ドル相場のような言い方をしたり、チャートをさかさまにして表示したりしてしまうと混乱を招くので避けた方がよいだろう。為替相場というグローバルな市場に関して他国の人と議論する際に困ることになるので、グローバル・スタンダードを覚え、慣れてしまうことをお勧めする。

第2章
外国為替相場を理解しよう

外国為替相場・主語になる順

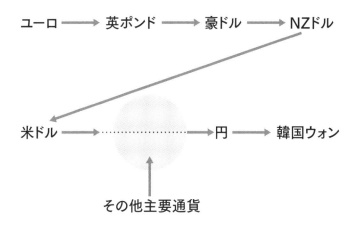

外国為替市場の慣習には慣れてしまおう

> **まとめ**
>
> 為替相場の中で、ユーロと他の通貨の交換レートは基本的にいつもユーロが主語になる。

4

基軸通貨って
なんですか？

第2章
外国為替相場を理解しよう

バーガー博士、米ドルって基軸通貨と呼ばれていると聞いたことがあるのですが、基軸通貨ってなんですか?

基軸通貨とは、世界の人が様々な取引を行う上で最もよく使う通貨のことだね。だからとくに「米ドルが基軸通貨です」とどこかが決めているわけではなく、自然と皆が最もよく使っている通貨のことを基軸通貨と呼ぶのだよ。

オーストラリアでビッグマックを買う時には豪ドルが必要だし、イギリスでビッグマックを買う時には英ポンドが必要だ。米ドルが基軸通貨と言っても、オーストラリアやイギリスでは米ドルを使ってビッグマックは買えない。ただ、ビッグマックのバンズをつくるために使う小麦や、ポテトを揚げる油とか、お店の電気を発電する原油、天然ガス、石炭などは、世界的な市場で取引されていて、その際使われる通貨はほぼ米ドルになっている。

米国は世界の中で最も経済規模が大きく、他国との貿易や投資も自由、かつ活発に行われている。だから米国以外の国の企業も米ドルを利用する方が便利と感じて、受け取る側にまわった時にも米ドルの方が好ましいと考えるので、米ドルの利用が拡がっていると考えられる。第二次世界大戦前まで

065

は英ポンドが基軸通貨だった。

日本のビッグマックのバンズは日本国内の製パンメーカーがつくっているのだけど、原料の小麦はアメリカ、カナダ、オーストラリアなどから輸入している。日本では輸入小麦のほとんどを政府が輸入しているが、**価格は米ドル建ての国際価格を参考に決まる**ので、カナダやオーストラリアから輸入する小麦も米ドル建てで決まっている。

マクドナルドのお店の電気を発電するために使う原油も、日本の電力会社が海外から輸入している。日本が輸入する原油は9割がサウジアラビア、アラブ首長国連邦、クウェート、カタールなどの中東地域から輸入しているが、日本の電力会社は、サウジアラビアに対してサウジアラビアの通貨であるリヤルで払ったり、アラブ首長国連邦にディルハムで払ったりはしないで、基本的には米ドルで支払う。

このように、**米国ではない国同士の取引でも、米ドルが使われることが多い。**だから米ドルが基軸通貨と呼ばれるのだ。例えば、経済の規模で世界第2位の中国が、中国の通貨である人民元を基軸通貨にしたいと考えたら、世界の皆に使ってもらうようにしなければならない。中国が自分で「これからは人民元を基軸通貨にします！」と言っても基軸通貨にはならない。それは円の場合も同じだ。

第2章
外国為替相場を理解しよう

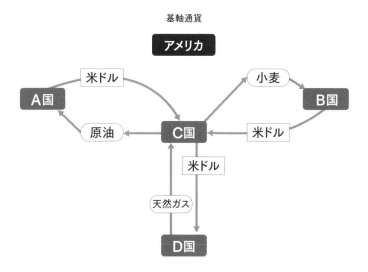

日本がサウジアラビアから原油を輸入する時も
サウジアラビアの通貨ではなく、米ドルで支払う

まとめ

米国ではない国同士の取引でも、米ドルが使われることが多いため、米ドルが基軸通貨と呼ばれる。

5

FX取引って
為替相場と
関係があるのですか？
危険なのですか？

第2章
外国為替相場を理解しよう

バーガー博士、従兄弟のお兄さんがFX取引をやっているみたいなのですが、外国為替相場と関係あるのですか？ 叔母さんが「危ないことやって……」とヒヤヒヤしているのですが、危ない取引なのですか？

FX取引とは外国為替の証拠金取引のことを指した言葉で、基本的には個人投資家がインターネットを通じて行う外国為替取引のことだね。為替相場は例えば米ドル／円相場であれば、基本的には世界中がひとつのレートを見て売買しているので、FX取引をやっている個人も、マクドナルドのような企業も、銀行やヘッジファンドのような投資家も皆同じ土俵で通貨の売買を行っているのだよ。

　外国為替市場は多種多様な人々が参加している銀行間市場だ。最終的には世界の銀行同士が画面上で取引をすることによって、為替相場が変化していくが、その背後には個人、企業、投資家などがいて、こうした多種多様な参加者が、銀行を通じて通貨の売買を行うのが外国為替市場だ。
　個人の例で分かりやすいのは、銀行に外貨預金をしたり、海外旅行に行く際に空港などで円を外貨に両替をする場合だ。いずれも銀行で外貨を買ったり売り戻したりすることになることでも分かるように、世界の外国為替市場と繋がって売買

をしているのは銀行だ。FX取引も証拠金取引会社に口座を開設して、インターネット上で外貨を買ったり売ったりすることができるが、証拠金取引会社も最終的には銀行を通じて世界の外国為替市場と繋がっている。つまり、銀行がみんなの代理として、通貨と通貨の交換を行なっているのだ。だから、FX取引を通じて日本の個人が米ドルを買う場合、証拠金取引会社から銀行を通じて米ドルの買い注文が出される。その米ドル買い注文に対して、NYの大きな投資家の米ドル売り・円買い注文を受けた米国の銀行が米ドルを売ってきたりする。銀行が仲介しているから日本の個人もNYの大きな投資家も自分が米ドルを買った、あるいは米ドルを売った相手が誰かはわからないのだ。

　外国為替証拠金取引が危ないと思われているのは、レバレッジをかける場合があるからだ。レバレッジとは日本語で「てこの原理」という意味だが、まさにその名の通り、少ない金額で大きな金額を動かすことを言う。例えば、証拠金取引会社に1万円を預けて、10万円分の米ドルを買ったりすることができる。10万円分の米ドルを買って、米ドル／円相場が1％上昇（米ドル高・円安）したら、利益は1,000円になる。ただ、**自分が実際に出しているお金は1万円だから、利益は1％ではなく10％になる。**これがレバレッジと呼ばれる理由だ。ただ、気をつけなければいけないのは、逆のケースもあるということだ。米ドル／円相場が1％下落（米ドル安・円高）したら損失が1,000円になる。つまり10％の損失になってしまう。

証拠金取引が危ないと思われているのは、こうしたレバレッジをかけた取引をする場合があるからだ。レバレッジを全くかけずに、普通に外貨を買うだけなら、証拠金取引も外貨預金も同じことになる。

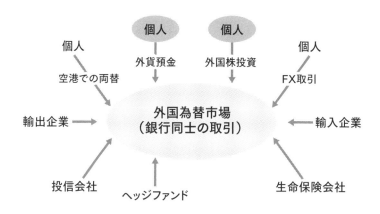

外国為替市場では世界中の個人、企業・機関投資家が
最終的には銀行を通じて取引を行っている

まとめ

外国為替市場は銀行間取引市場。FX取引も
レバレッジをかけなければ外貨預金と同じ。

6

為替市場では
どのくらいの
お金が取引されて
いるのですか？

第2章
外国為替相場を理解しよう

バーガー博士、世界中の人が多くの通貨を売ったり買ったりしているのであれば、外国為替市場で取引されるお金ってものすごく多いのですよね？

外国為替市場は、世界中の銀行間で取引されている市場だから正確な取引金額は分からない。ただ、3年に1回、国際決済銀行（BIS）が世界中の銀行に4月分の取引高を調査して集計した数字があって、それによると2022年4月の1日当たりの世界の外国為替市場の取引額は7.5兆ドル（約1,100兆円）だった。ただし、この数字は少し気をつけて見る必要があるのだよ。

外国為替市場は、日本時間の月曜日早朝から土曜日の早朝（ニューヨーク時間の金曜日夕方）まで休むことなく、世界中の銀行が世界中の通貨を取引しているので、取引額は膨大になっている。そして、取引所を経由しているわけではなく、銀行間で取引されているので、取引所で集中的に取引されている株式などと違い、全体の取引額を把握しているところがないため、取引額に関する正確なデータは存在しない。

ただ、3年に1回、国際決済銀行（BIS）が世界中の銀行に4月分の取引高を調査して集計した数字があって、それによ

073

ると2022年4月の1日当たりの世界の外国為替市場の取引額は1日7.5兆ドル（約1,100兆円）だった。ただし、このうち、いわゆる通常の通貨と通貨の取引（スポット取引）は2.1兆ドル（315兆円）と3分の1以下となっている。その他はオプションなどのデリバティブ取引。そして、このスポット取引のうち円が絡む取引は4,390億ドル（66兆円）となっている。

　貿易関連の取引額や海外の株式や債券などへの投資のための取引額と比べると、外国為替市場の取引は巨額なので、こうした貿易や投資関連の取引の影響が軽視されることがあるのだけど、こうした考えは気をつけた方がよい。というのも、同じ調査で、通常の通貨と通貨の取引（スポット取引）の6割は銀行間の取引であるとされているからだ。銀行間の取引を担当する銀行のトレーダーは、個人や投資家、企業の注文で通貨を売買する以外に、自分たちでかなり頻繁に通貨を売ったり買ったりしている。しかし、恐らくこうした取引のほとんどはその日のうちに反対売買を行う。つまり、売ったら買い戻すし、買ったら売り戻す。だから中期的な為替相場の見通しに影響を与えない。これが全体の6割に上るということだ。

　外国為替市場で通貨を短期的に売ったり買ったりして利益を出そうとする人は銀行のトレーダー以外にも多くいるが、こうした人たちも基本的には売ったら買い戻すし、買ったら売り戻す。一方、例えば貿易関連取引で、日本の輸入企業が米ドルを買ったら、その米ドルは売り戻されない。日本の投資家が米国債を購入するために買った米ドルは、長期間の運

第2章
外国為替相場を理解しよう

用のために買われるので短期的には売り戻されない。だから、巨額の取引が行われている為替市場でも、貿易関連取引や証券投資関連の取引が与える影響は大きいのだ。

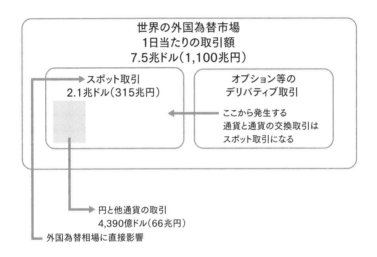

当日中に売ったら買い戻す、買ったら売り戻す取引が多いので中長期的に影響を与える取引は7.5兆ドルよりずっと少ない

> **まとめ**
>
> 為替市場は1日7.5兆ドル(1,100兆円)ほどの取引があるが、実際に為替レートへ影響を与える取引はずっと少ない。

075

7

購買力平価って
なんですか？

第2章
外国為替相場を理解しよう

バーガー博士、外国為替相場に関して、よく「購買力平価(こうばいりょくへいか)」という言葉を聞くのですが、これはなんですか？　外国為替相場を知るのに重要なのですか？

米ドル／円相場で言えば、米国と日本で同じものが同じ金額になる為替相場のことを購買力平価と言うのだよ。例えば、アメリカではビッグマックが5.69ドル、日本では480円だから、ビッグマックだけで考えたら480÷5.69ドル＝84円が米ドル／円相場の購買力平価となるね。このように購買力平価から考えると、今の米ドル／円相場は大幅に円安・米ドル高だということが分かるね。

あ る国とある国でモノやサービスの価格が同じになる為替レートのことを購買力平価(こうばいりょくへいか)と言う。上記の会話で示したとおり、アメリカではビッグマックが5.69ドル、日本では480円だから、480円÷5.69ドル＝84円が米ドル／円相場の購買力平価となる。今の米ドル／円相場は1米ドル＝150円くらいだから、大幅に円安・米ドル高となってしまっていることが分かる。

　ただし、こうした計算は商品によって当然異なる。例えば、ユニクロのエアリズム・クルーネックTシャツは、アメリカでは19.9ドル、日本では1,500円なので、1,500円÷19.9ドル

077

＝75円が米ドル／円相場の購買力平価となる。スターバックスのトールサイズのラテは、アメリカ（NY）では5.5ドル、日本では450円（税抜）なので、450÷5.5ドル＝82円が購買力平価となる。何で見ても今の米ドル／円相場の水準は円安過ぎることが分かる。

本来、購買力平価は、世界の人々は価格が安い国の方で買うはずだから、為替相場は購買力平価に近づいていくという考え方が背景にある。例えば、ビッグマックもユニクロもスタバも、今の米ドル／円相場（1ドル＝150円）で見ると、日本の方が圧倒的に割安になってしまうので、米国人がこぞって日本に来てビッグマックを食べ、スタバでラテを飲んで、ユニクロでTシャツを買うはずだ。そのためには米ドルを売って、円を買わなければいけないので、米ドル／円相場が1ドル＝150円で維持されることはなく、ビッグマックで考えれば、1ドル＝84円に米ドル安・円高が進むまで、米国人は日本に来てビッグマックを食べるはずだ、という考え方になる。

当然ながら、米国人が日本に来てビッグマックを食べるためには飛行機代やホテルの宿泊代もかかるので、そんな単純に比較することはできない。ただし、上記の例で示したように、現状の米ドル／円相場は様々なモノの日米の購買力平価と比べると、米ドルが高過ぎる（円が安過ぎる）。

つまり、日本のあらゆるモノが米国人にとって安過ぎる。モノだけでなく、日本人の給料も安過ぎる。OECDのデータによると2023年の米国の平均年収は8万115ドル、日本の平

均年収は455万3200円だ。1ドル＝57円で計算したら釣り合うが、1ドル＝150円だと日本の平均年収は米ドル建てで3万355ドルになる。米国の38％程度にしかならない。そんなに人件費が安くても、日本企業でさえ、日本に生産拠点を戻す動きが拡がらない。つまり購買力平価に向けた調整が起きなくなっている、ここに今の円安の問題点がある。

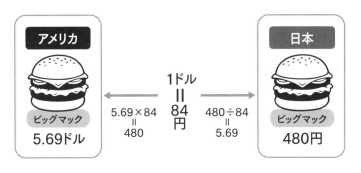

日本の年収はアメリカの約38％

購買力平価から見て大幅に円安なのに
割安な日本に投資をする動きも見られず調整が起きない

> **まとめ**
>
> 購買力平価とは、ある国とある国でモノやサービスの価格が同じになる為替レート。

8

実質実効レートって
なんですか?

第2章
外国為替相場を理解しよう

バーガー博士、今の円相場の水準は実質実効レートで見ると50年以上ぶりの円安水準だと聞いたことがあるのですが、どういうことですか？ 実質実効レートって何ですか？

通常、円相場というと米ドル／円相場とか、ユーロ／円相場のように、円とどこかの通貨との交換レートのことを言うよね。でも、日本はアメリカとだけ貿易取引をしているわけではないから、円が全体として、強いのか弱いのかを示す指数が必要だよね。それが実効レートなのだよ。そして、インフレ率による影響を除いたものを「実質実効レート」と呼ぶのだよ。

米ドル／円相場で見ると円が非常に割安になっているというのは前項でも説明したが、日本はアメリカとだけ貿易取引をしているわけではない。だから、実際には米ドル／円相場だけを見て、円が全体的に強いのか、弱いのかを判断することはできない。実は、日本との貿易取引額（輸出＋輸入の合計額）は米国よりも中国の方が大きいので、人民元に対して円高が進んでいるのか、円安が進んでいるのかは米ドル／円相場を見ても当然分からない。日本はこの他、オーストラリアやドイツ、フランス、イタリアなどのユーロ圏とも貿易額が大きいから、豪ドルやユーロとの為替相場の動向

も重要だ。

したがって、各国・各地域との貿易額をウエイトに使って、それぞれの円相場を加重平均した指数を算出して、全体として円が強くなっているのか、弱くなっているのかを示す指数を名目実効レートと言う。そして、それをインフレ率の差からくる影響を除いてみたものを実質実効レートと言う。円の実質実効レートは1970年よりも今の方が円安であることを示している。つまり、米ドル／円相場だけで見てみると、1米ドル＝360円だった時より、今の方が実質的に円安であると言える。

1米ドル＝360円は名目的なレートでは最も円安だった水準だが、例えば1970年1月から2024年1月までの54年間で米国の生産者物価は6.4倍になっている。一方日本は2.2倍にしかなっていない。これは本当の価格ではないが、例えば、1970年1月時点で、ビッグマックとポテトのセットが米国では1ドル、日本では360円だったとしよう。当時は米ドル／円相場が1ドル＝360円だったので日米両国の物価は均衡していたと仮定する。それが今では同じセットは米国では6.4ドル、日本では792円になっていることになる。そうだとすると、今の米ドル／円相場が1ドル＝124円（792円÷6.4ドル）であれば、54年前の1ドル＝360円と実質的に同水準になる。しかし、実際には30円近くの円安となっている。

つまり、物価の上昇率が相対的に低いということは、通貨が相対的に強くなっているはずなのに、円という通貨の対外的価値は、国内の物価の相対的変化率の差に比べると、強く

第2章
外国為替相場を理解しよう

なっていないということを意味する。したがって、実質的に歴史的な円安（海外のものを円を使って買う時に、以前に比べると実質的に非常に多くの円を必要とするようになっている）となっている。

実効レートは指数なので上昇すると円高
下落すると円安を意味する

> **まとめ**
>
> 現在の円安は、実質的には過去の1ドル＝360円だった1970年当時よりも円安の水準となっている。

083

9

最近貿易収支が
赤字になったとか、
デジタル赤字が
増えているとか
聞くのですが、
何が起きている
のですか？

第 2 章
外国為替相場を理解しよう

バーガー博士、最近、円安の理由として、貿易収支が赤字になったとか、デジタル赤字が増えているとか聞きます。何が起きているのですか？

日本は昔自動車や電気機器を国内でつくって、海外に輸出していたので貿易収支が常に大幅黒字だったのだが、近年は電気機器を中心に生産を海外に移管してしまったので、輸入が多くなり、貿易収支が赤字になる傾向が強くなってしまったのだよ。デジタル赤字は、マネオくんも払っているかもしれないけど、Google、Amazon、Netflix、Zoom、Microsoftなどに支払っているお金だね。

国と国の間では様々なモノの売買を行っている。国内で生産したモノを外国に販売することを輸出、海外で生産したモノを購入することを輸入と言い、輸出で稼いだ金額が、輸入で必要とする金額よりも多い場合を貿易黒字、逆の場合を貿易赤字と言う。

日本は1980年代から2000年代まで国内で自動車や電気機器を生産して、海外に輸出をする金額が非常に大きかったので、毎年高水準の貿易黒字を稼いでいた。しかし、2010年代以降は生産拠点を海外に移したことなどもあって、とくに電気機器の輸入が大きくなり、輸入額の方が輸出額よりも大

きくなることが多くなり、貿易赤字を記録することが多くなった。この他、日本は原油、液化天然ガス、石炭のようなエネルギーのほとんどを輸入に頼っているが、エネルギー価格が以前より高くなってきたことも輸入額を膨らませている。

輸出は外貨を稼ぐので、その外貨を売って円を買うから円高方向への圧力が強まる。逆に輸入は外貨が必要になるので、円を売って外貨を買うから円安方向への圧力が強まる。だから最近の貿易収支赤字化は円安圧力が強まっている要因のひとつと考えられている。

モノの輸出・輸入の差額は貿易収支と呼ばれるが、国と国の間ではサービスの売買も行われていてその差額は**サービス収支**と呼ばれている。最近は多くの外国人観光客が日本を訪れるようになっているが、こうした外国人観光客が日本で使うお金は、日本のサービスを海外に輸出していることになる（日本が外貨を稼いでいる）ため、サービス収支の黒字要因となる。一方、Google、Amazon、Netflix、Zoom、Microsoftなどの外国企業からサービスを購入しているのは、日本が海外からサービスを輸入している（日本が外貨を買って支払っている）ため、サービス収支の赤字要因となる。これをいわゆるデジタル赤字と呼ぶ。近年ではサービスの輸出も輸入も増えているが、日本がよりデジタル化していく中で、サービス収支の赤字も膨らみ、円安要因が強まっていく可能性が高いかもしれない。

第2章
外国為替相場を理解しよう

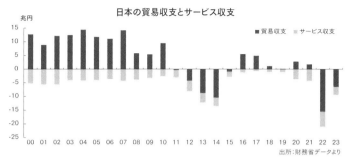

以前は黒字だった日本の貿易収支は赤字になりやすくなってきた

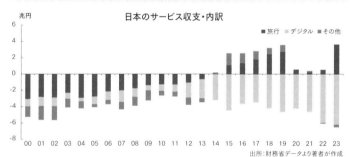

インバウンドで稼ぐ外貨よりもIT関連サービスを買うために支払う外貨の方が多い

> まとめ
>
> 日本は以前はモノをつくって海外に売って外貨を稼いだが、今はモノもサービスも海外から買う額が大きくなったので円安要因となっている。

10

為替介入って
なんですか？
誰が何をして
いるのですか？

第2章
外国為替相場を理解しよう

バーガー博士、最近、「政府・日銀が円安阻止のために為替介入を実行」というニュースを見たのですが、為替介入ってなんですか？誰が何をしているのですか？

日本の為替政策は財務省の政策となっている。円相場が急激な変動をして、経済に悪影響を与えるような時に為替市場で円の売買を行い、そうした急激な変動を抑えようとする。それを為替介入と呼ぶ。実施の判断は財務省が行うが、実際の売買は日本銀行が行う。

日本は変動相場制を採用しているため、基本的には為替相場は市場における自由な取引の下で決定される。先進国の集まりである7カ国財務大臣・中央銀行総裁会議（G7）においても、「為替レートは市場において決定される」という認識が共有されている。しかし、一方で、ごくまれな状況において、「為替レートの過度の変動や無秩序な動き」を抑えるために、通貨当局が為替市場に介入してそうした急変動を抑える行動をとることも容認はされている。

日本は先進国の中でもこうした介入を頻繁に行う国で、1993年から2011年までの19年間におこなった円売り・外貨買い介入の総額は、同期間の貿易・サービス収支の黒字額の6割以上となっている。つまり貿易・サービス収支の黒字か

089

ら発生する円買い圧力の6割以上を円売り介入で吸収してしまったことになる。近年では2022年と2024年にこれまでとは逆の円買い・外貨売り介入を実施した。日本の為替介入はほとんどの場合、米ドル／円相場で行われる。

　以前頻繁に行っていた**円売り・米ドル買い介入**は、政府が短期国債を発行し、市場から円を借りて、その円を外国為替市場で売って、米ドルを買う行動となる。そして購入した米ドルは主に米国債などの債券で外貨準備として運用されている。日本の場合は外貨準備のほとんどが米ドル、米国の債券だ。そして、最近行っている**円買い・米ドル売り介入**は、この外貨準備を取り崩して円を買う行動だ。

　日本の外貨準備は2024年7月末時点で1.2兆ドル（180兆円、1ドル＝150円で計算）あり、そのうち外貨建ての証券（基本的には債券）が9,111億ドル（137兆円）、外貨預金が1,587億ドル（24兆円）、金が660億ドル（10兆円）となっている。

　外貨準備の金額だけ見ると潤沢にあるように見えるが、これらは基本的に市場から借りた円を外貨に換えているだけなので、日本の国としての財産とは言えない。また、日本からは貿易・サービス収支、外国株投資、企業による海外への直接投資などを通じて、年間20兆円以上の円が売られていると考えられる。さらに、日本の個人は1,100兆円もの円建ての現金・預金を保有しており、こうしたお金が海外への投資に積極的に使われるようになると、**外貨準備を取り崩して円を買う為替介入を行うだけでは、円安の流れは止められない。**

第2章
外国為替相場を理解しよう

円売り・ドル買い介入 ➡ 短期国債を発行して調達した円でドルを買う ➡ 外貨準備へ

円買い・ドル売り介入 ➡ 外貨準備のドルを売って、円を買う

最近行われているのは、政府が持っている米ドルを売って円を買う円買い介入。円安の動きを止めようとしている

まとめ

為替レートの急激な変動を抑えようとする動きが為替介入。
円高の動きを抑えようとする円売り介入と円安の動きを抑えようとする円買い介入がある。

COLUMN

金融パーソンの日常②

　マーケットに携わる仕事をしている人は様々な会社にいるが、銀行や証券会社に所属している人は、企業や機関投資家のお客さんのために情報提供をする。セールスは朝から集めた情報を元に、主に電話でお客さんに昨晩のマーケットの動きや先行きの見通しを伝える。リサーチの人はマーケットの動きを分析した結果などを、主にレポートにまとめて執筆し、お客さんにメールで送付する。筆者の場合には毎朝8時頃までにはレポートを書き上げていた。

第 **3** 章

弱い円が
できるまで

1

お札は誰が
つくっていて、
どのようにして
僕たちの手元に
届くのですか？

第3章
弱い円ができるまで

マネオ

バーガー博士、そもそも僕たちが使っているお札は誰がつくっているのですか？ そしてどのようにして僕たちの手元に届くのでしょう？

バーガー博士

我々が使っているお札は財務省が製造・印刷して、日本銀行という日本の中央銀行が発行しているのだよ。お札を見てみると、「日本銀行券」と書いてあるよ。銀行はみんながお金を引き出す時に備えて、予め日本銀行からお札を受け取っておいているのだよ。

日本の場合、お札（銀行券）は財務省の下にある独立行政法人国立印刷局というところが製造・印刷している。ちなみに、パスポートや切手などもここが製造・印刷している。お札（銀行券）の場合、それを日本銀行が引き取って発行している。だからお札（銀行券）には「日本銀行券」と印字されている。とくに日本銀行が引き取ってきたお札に何かするわけではないけど、日本銀行から世の中に出たところで、お札として認識されることになる。

お札（銀行券）はどのようにして我々の手元に届くのだろう。まず、最初に理解する必要があるのは、会社や個人がA銀行、B銀行、C銀行に預けているお金（預金）は、他の会社や個人に貸し付けられたり、国債に投資をしたりして運

095

用されているが、一部は日本銀行内にある、Ａ銀行、Ｂ銀行、Ｃ銀行のそれぞれの口座に預金として預けておかなければならないと決められているということだ。銀行間の決済が滞らないために常に日本銀行内の口座に一定の資金を置いておく必要がある。

　みんなが会社で働いてお給料をもらう場合、お給料は会社の口座があるＡ銀行から、働いている人が持っているＢ銀行やＣ銀行の口座にそれぞれ振り込まれる。このお金の動きは電子的に行われるのだが、どこで電子的に動いているかというと、前述の日本銀行の中のＡ銀行、Ｂ銀行、Ｃ銀行がそれぞれ持っている預金口座間で行われている。ここまでのところお札（銀行券）の出番はない。

　ただ、みんながATMでお札（銀行券）を引き出すのに備えて、Ａ、Ｂ、Ｃそれぞれの銀行は、日本銀行の中にある自分の口座から、お札（銀行券）を引き出して、ATMに入れて準備をしておいてくれる。

　つまり、皆が銀行に預けている預金の一部は、その銀行の日本銀行内の口座に預けられていて、皆がATMでお札（銀行券）を引き出すのに備えて、各銀行が日本銀行から引き出して、ATMに入れて準備をしていてくれている。だから、最近のように電子マネーで支払いをすることが多くなると、銀行はこうした準備をする必要が少なくなってくる。

第3章
弱い円ができるまで

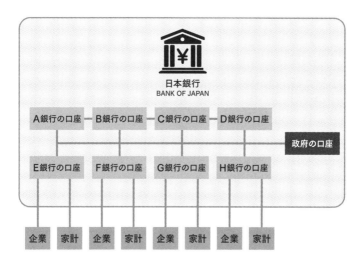

私たちが銀行に預けている預金は貸出や国債で
運用されているが、一部は日本銀行に預けられている

まとめ

じつは私たちのお金の一部は
日本銀行に預けられている。

2

日本のお金は
いつから
「円」に
なったのですか？

第3章
弱い円ができるまで

バーガー博士、日本のお金はいつから「円」になったのですか？ 日本では「円」しか使えないのですか？ マクドナルドはアメリカの会社だから「ドル」で支払ってはダメですか？

日本のお金の単位は1871年に「円」と決められたのだよ。「ドル」で支払ってもダメではないけど、受け取る側が拒否できるね。一方で、日本国内では法律で「円」の受け取りを拒否できないことになっているのだよ。

　日本のお金の単位は1871年に新貨条例で「円」と定められた。1871年は明治4年、つまり江戸時代が終わり、明治時代が始まって数年後の、廃藩置県（明治政府がそれまでの藩を廃止して、府と県に変えて、地方統治を中央に集中させた行政改革）が行われたのと同じ年に、お金の単位も「円」と定められた。

　江戸時代には金銀銭貨からなる幕府貨幣や藩札、洋銀、など様々な貨幣が通用していて混乱していた。しかし、廃藩置県で明治政府が税金の徴収や軍隊を一手に収めることになり、通貨も統一する必要があったことが背景となっている。

　1871年に「円」と定められた時には、純金1.5gを1円とする金本位制が導入された。これは当時のアメリカのドルもほ

099

ぼ同量の金＝1ドルだったことが影響している。つまり、**日本のお金の単位が「円」と決まった時の、米ドル／円相場は1ドル＝1円だったことになる。**

「円」は、国内で効力のある通貨として定められているので、モノやサービスの対価として支払う場合、受け取り側は円での受け取りを拒否することはできない。ただし、**法律で1回の使用につき同一金種で20枚までと定められている。**つまり、250円のモノを購入するのに、十円玉25枚で支払おうとしたら、お店は受け取りを拒否することができる。

お店が受け取れば、ドルで支払うこともできなくはないが、受け取り側は拒否することができる。だから通常は、どのお店に行ってもドルで支払うことはできない。

第3章
弱い円ができるまで

江戸時代　　　　　　　　明治時代

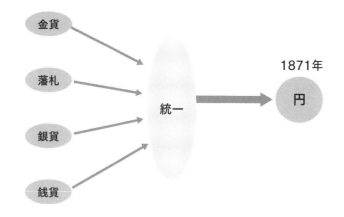

江戸時代にあった異なる通貨を統一してできたのが「円」

> **まとめ**
>
> 日本のお金の単位は1871年に「円」と決められた。
> 当時の米ドル／円相場は1米ドル＝1円だった。

3

米ドル／円相場は
１ドル＝1円から
始まっているって
本当ですか？

第3章
弱い円ができるまで

バーガー博士、さっき、円がスタートした1871年の米ドル／円相場は1ドル＝1円と仰ってましたが、1ドル＝360円からスタートしたと習ったような気がしていたのですが、違うのですか？

1ドル＝360円は第二次大戦後、公式な米ドル／円相場が再スタートした時のレートだね。円ができた時には1ドル＝1円からスタートしていたのだよ。

1871年に日本のお金の単位が「円」になった時は、金本位制（厳密には金銀本位制）を採用した。**金本位制とは紙幣を発行する政府や中央銀行が、発行する紙幣と同額の金を保有していて、いつでも相互に交換することを保証するという制度。**つまり、政府が発行する紙幣には金の裏付けがあったということだ。そして、当時の1円は1米ドルとほぼ同じ量（1.5g）の金と交換できることとなっていたので、「円」がスタートした時の米ドル／円相場は、ほぼ1米ドル＝1円だった。

もっとも、当時の日本では金の保有量が少なかったので、翌年には政府が金と交換することができない国立銀行紙幣（不換紙幣）の発行を開始し、1877年の西南戦争の戦費調達のためにこの国立銀行紙幣を増発したため、紙幣に対する信

用が大きく揺らぎ、価値は大きく下落した。

　ちなみに、その後の1882年に、今、円を発行している日本銀行が開業して、銀との交換を約束する銀本位制の日本銀行券が発行され、国立銀行紙幣は使えなくなった。その後、1897年に日本銀行券は1円＝0.75gの金と交換できる紙幣と定められた。円がスタートした時と交換できる金の量が半分になったので、当時の米ドル／円相場は1米ドル＝2円となった。

　その後、第一次世界大戦が勃発すると、欧米諸国が金本位制をやめたため、日本もやめることとなった。第一次世界大戦が終了すると、主要国の輸出能力が回復する中で、日本の貿易収支は黒字から赤字に転換。さらに1923年に関東大震災が発生すると、復興のために必要な資材を大量に欧米から輸入したため、貿易赤字は増え続け、その結果1924～25年頃には1米ドル＝2.5円程度まで円安が進行した。

　ここでの重要なポイントは、**昔は欧米諸国も日本も、発行するお金（紙幣）は一定量の金や銀と交換することを約束されているものだったということ。**そして、その約束をやめたら、お金（紙幣）の価値が下落したということだ。厳密に言うと、金や銀と交換することが約束されていなくても、お金（紙幣）がやみくもに発行されるようなことがなければ、人々のお金（紙幣）に対する信頼は維持されるので、価値も維持されるが、やみくもに発行されるようになると、そのお金（紙幣）を持っていても価値がなくなる可能性があると人々が思い始めると、本当に価値が落ちていくことになる。

第3章
弱い円ができるまで

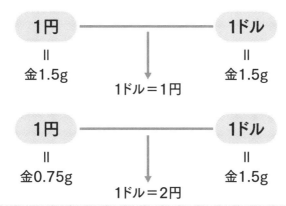

日本の通貨が「円」になった時、1円金貨に含まれる金と
1ドルと交換できる金の量は同じだった

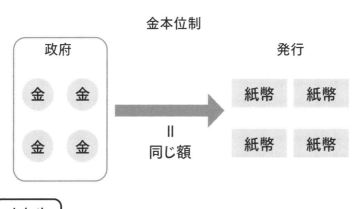

> まとめ
>
> 発行するお金の価値は、かつては金や銀と
> 交換することで価値を担保されていた。

4

米ドル／円相場は
どうして
1ドル＝360円まで
大幅な円安と
なったのですか？

第3章
弱い円ができるまで

バーガー博士、米ドル／円相場が1ドル＝1円から始まって2.5円まで円安になった歴史は分かったのですが、結局僕が米ドル／円相場のスタートとして習った気がしていた360円までどうやって大幅な円安となったのですか？

その後に起こった世界大恐慌によるデフレから脱却するために、日本銀行が政府の発行する国債を買い取って、そのお金で政府が財政支出を大幅に増やした。それが成功して日本はデフレを脱却し、インフレになったのだけど、日銀の国債買い取りと財政支出増加が止められなくて、そのまま日本は戦争に突入し、物価が急上昇（円の価値が急落）したので、対米ドルでも大幅な円安となったのだよ。

関 東大震災後に貿易赤字が増えて、1米ドル＝2.5円まで円安が進んだ後、日本は一度金本位制に戻ったのだが、それとほぼ同じタイミングの1929年10月にアメリカで株価が暴落して世界経済は大不況に陥った（世界大恐慌）。世界も日本も物価が下落するデフレの状態となってしまった。そうした中で、大蔵大臣（今の財務大臣）に就任した高橋是清は1931年に再び金本位制をやめた。そして、デフレ脱却のために財政支出を大幅に増加させることと、満州事変の戦費

調達のために、政府が発行する国債を日銀が買い取る（日銀による国債引き受け）ことを発表した。この政策により、政府は多額の国債を発行し、日本銀行に国債を売り、お金（紙幣）を調達し、使うことができるようになった。こうした流れを背景に、米ドル／円相場は1米ドル＝4.8円程度まで大幅な円安が進行した。

この結果、日本はデフレを脱却することができたのだが、目的を達成したことにより、日銀による国債買い取り、財政支出拡大を止めようとした高橋是清蔵相は、緊縮財政を不満に思った軍部に2.26事件で暗殺されてしまった。

その後、日本は国債発行が激増し、それを日本銀行が買い取ることで、財政支出は大幅に拡大。それもあって、日本は戦争に突入することとなり、戦争の間も同じことが続けられ、戦後も復興資金が必要だったため、日本のインフレ率は大幅に上昇した。

第二次世界大戦が勃発した1939年には1米ドル＝4.5円程度だった。その後10年間の戦中・戦後を通じて一般的に利用される単一の米ドル／円相場はなくなっていたが、その間の日本のインフレ率の急上昇を勘案して1949年にGHQ（第二次大戦後に連合国軍が日本占領中に設置した総司令部）が設定した、貿易など一般的に利用される単一の米ドル／円相場が1ドル＝360円だった。つまり、アメリカより日本の方が圧倒的にインフレ率が高かったということだ。**1ドル＝4.5円から360円の円安は、今で言えば、1ドル＝125円から1ドル＝1万円になるようなインパクト**だ。

第3章
弱い円ができるまで

米ドル／円相場の超長期推移

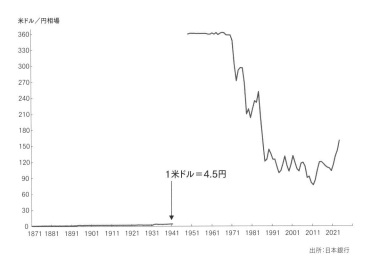

出所：日本銀行

1米ドル＝1円から始まり、日銀が国債を買い取り、
政府が支出を拡大したため4円台に
これが止められず、戦争もあって1米ドル＝360円に

まとめ

戦中、戦後の急激なインフレにより、米ドル／円相場は1ドル＝4円台から1ドル＝360円まで大幅な円安となった。

5

その後、
米ドル／円相場は
どうして
1ドル＝75円まで
大幅な円高と
なったのですか？

第3章
弱い円ができるまで

バーガー博士、戦後、米ドル／円相場が1ドル＝360円となった後は、上下動しつつも、結局戦後から66年経った2011年には1ドル＝75円まで円高が進んでいます。つまり、戦後の66年間は日本経済が強かったので大幅な円高となったのですか？

円高となった理由は、日本経済が強かったからと言える部分もあるし、そうではないと言える部分もある。ドル安が原因とも言える。一言で説明するのは難しいね。

第二次大戦後、世界の通貨体制は「**ブレトンウッズ体制**」と言って、**各国の通貨と米ドルの交換比率を固定した上で、一定の条件下で米国が1トロイオンスの金と35米ドルとを交換する**ことを認めるようになった。それまで、日本だけでなく、欧米諸国も自国の紙幣と一定量の金との交換を約束することなどで紙幣の価値安定を図ろうとしていたが、それを国際的に米ドルと結びつける体制となった。日本も1米ドル＝360円という為替相場に設定したので、1円＝0.0025gの金ということになった。もともと円がスタートした時は、1円＝1.5gの金だったことを思い出してほしい。そのくらい円の価値は大幅に下落してしまった。

このブレトンウッズ体制は、1971年に米国が1トロイオン

ス（約31グラム）の金と35米ドルとを交換することを停止したことによって事実上崩壊し、**1973年以降各国は変動相場制へと移行した。**こうした国際通貨体制の変化の中で、米ドル／円相場は1米ドル＝360円から1978年には一時170円台まで急落している。つまり、この時の円高・米ドル安は日本経済の強弱ではなく、国際通貨体制の変化が背景にあった。

その後、1980年代半ばに米ドル／円相場は1米ドル＝250円前後から120円程度まで急落する。この時は、日本を含む世界の主要5カ国で、**米ドル高を是正するために各国が協調して市場介入を実施することを決めたプラザ合意がきっかけ**となっていて、米ドル／円相場が大きく米ドル安・円高方向に動いたのは、米ドル安も大きな原因のひとつとなっている。ただし、日本がこの時点で主要5カ国に入っていることからも分かるように、80年代までに日本経済は急成長を遂げていて、日本経済が強かったことが円高の背景だったとも言えないこともない。

ただし、1990年代に入ってバブル経済が崩壊した後も、2011年までの約20年間は円高が続いた。この時は、日本経済が強かったから円高になったのではなく、基本的には日本の貿易黒字が引き続き大きかったことと、円が強くなって、海外投資が割安になっても、日本人があまり海外に投資をしなかったことも重要な要因であったと考えられる。

円高主導で米ドル／円相場が下落した1990年代以降は、日本経済はバブルが崩壊し、経済が弱くなっていく過程の中だった。

第3章
弱い円ができるまで

ブレトンウッズ体制

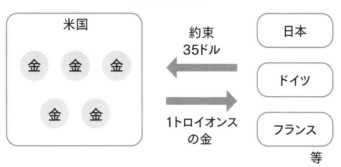

1ドル＝360円からの大幅な米ドル安・円高は、
国際通貨体制の変化や米ドル安の影響も大きかった

まとめ

1990年代以降の円高は、日本経済のバブルが崩壊する中での「弱い日本」の「強い円」だった。

6

2012年以降は
また円安に
なったのですね。
なぜまた円が
弱くなり始めた
のですか？

第3章
弱い円ができるまで

バーガー博士、でも、2012年以降はまた円安になったのですね？ 円という通貨ができてから、最初は大幅な円安、次は大幅な円高、そして今度はまた大幅な円安ですね。なぜ、また円が弱くなり始めたのですか？

また円安が始まったきっかけは、2012年前後から日本経済に見られ始めた3つの変化と、世界で起きた2つの変化が影響していると考えられるね。日本で起きた変化は、日本企業による海外への投資の急増、日本の貿易収支が黒字から赤字傾向となったこと、日本銀行による極端な金融緩和政策だね。世界で起きた変化は、保護主義・環境規制の強まりと、インフレ圧力の強まりだね。

1970年代から2011年までの「円高時代」が終了し、「円安時代」への流れが始まったのは2012年12月頃からだ。円安が進んだ理由としては、2012年前後から日本経済に見られ始めた3つの変化が影響していると考えられる。

1つめは日本企業による海外への投資（対外直接投資）の急増だ。日本企業が海外へ投資をするためには円を売って外貨を買う必要があるため、円安要因となる。こうした動きが強まったのは、2011年3月11日に発生した東日本大震災発生により、生産拠点を分散させるために海外に移す目的もあっ

115

たと考えられる。また、それまでの円高で、国内で生産し輸出しても利益が出にくかったこと、国内の需要が弱かったため、需要のあるところ（海外）でのビジネスを拡大するために海外への投資を増やしたことも背景として考えられる。

2つめは日本の貿易収支がそれまでの黒字傾向から赤字傾向に転換したことだ。貿易赤字は輸出より輸入の方が多いことを意味するから、円売りの方が多くなり、円安要因となる。日本の貿易収支は1990年代から2010年まで、年によって波はあったものの、平均して年間10兆円以上の黒字を記録していた。もっとも、2011年に小幅の赤字となった後、赤字幅が拡大し、2014年には12.8兆円の赤字を記録した。この時期の貿易収支悪化の半分の原因はエネルギーの貿易赤字増加だ。東日本大震災で原発が停止し、とくに液化天然ガスの輸入が増加したことがエネルギーの貿易赤字拡大の重要な背景となっている。この他、電気機器の貿易収支が黒字から赤字に転換したことも大きな背景となっている。日本企業が海外に生産移管を進めたので、輸出があまり伸びなくなった一方、輸入が増え、食料品、医薬品などの貿易赤字も増加した。

3つめの変化は、第2次安倍政権が発足（2012年12月）し、アベノミクス3本の矢のひとつとして、極端な金融緩和政策（2013年3月に黒田総裁が就任）、つまり超低金利の時代が続いたことだ。日本の政策金利は2016年にはマイナスになり、10年物の国債金利は長い間ゼロ％台の状況が続いた。

このように日本国内で起きた変化に加え、欧米で保護主義や環境規制が強まったことも円安の背景として考えられる。

第3章
弱い円ができるまで

こうした経済的な理由以外の要因で日本企業が海外で生産を行わなければならず、日本が割安になっても戻ってこられなくなっているという事情もある。

加えて、世界でインフレ率がこれまで以上に高くなり始めたこともある。これはコロナ禍やロシアによるウクライナ侵攻も影響しているが、そもそも世界全体でベビーブーマーの退職により、労働者が少なくなり、様々なモノを生産したり、サービスを提供するコストが上がり始めているという傾向は既に始まっていた。この結果、その他の主要国はいち早く金利を上げたため、日本との金利差が拡大した。

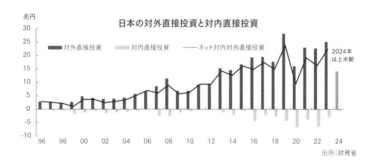

出所：財務省

> **まとめ**
>
> 2012年以降、円が再び弱い通貨となったのは、日本企業による海外投資急増、日本の貿易収支赤字化、日銀による超低金利政策に加え、世界の変化も影響。

7

貿易収支は赤字でも
経常収支は
黒字ですよね？
それでも円は
弱くなったのですか？

第3章
弱い円ができるまで

バーガー博士、貿易収支が赤字と言っていましたが、日本の経常収支はまだ黒字ですよね。それでも円が弱い通貨になったのですか?

日本の経常収支が黒字なのは、内訳として第一次所得収支の黒字が大きいからなのだよ。第一次所得収支とは日本企業や投資家による過去の投資から得られるリターンなんだけど、その多くが日本に戻ってきていないのだよ。だから黒字でも円買い圧力に繋がらないんだ。そして、第一次所得収支以外の貿易収支、サービス収支、第二次所得収支は全て赤字なのだよ。

日本の経常収支は増減は大きいものの、ずっと黒字を維持している。**2023年も21.4兆円の黒字を計上した。経常収支だけみているととくに問題ないように見える**が、内訳を見ると何かが起きていると感じるだろう。

経常収支は「**貿易収支**」「**サービス収支**」「**第一次所得収支**」「**第二次所得収支**」の4つに分けられる。このうち、**ここ数年黒字を維持し続けているのは「第一次所得収支」のみ**で、2023年は「第一次所得収支」の黒字は34.9兆円だった。一方、**貿易収支は6.5兆円の赤字、サービス収支は2.9兆円の赤字、第二次所得収支も4.1兆円の赤字**だった。つまり、

日本の経常収支が黒字を維持しているのは、第一次所得収支が黒字だからだ。

　第一次所得収支というのは、日本企業や本邦投資家が過去の投資から受け取っているリターンだ。企業であれば海外子会社の利益や配当、投資家であれば投資した外債からの金利収入とか外国株式からの配当収入などだ。通常であれば、こうした利益、配当、金利収入が日本に戻ることによって円買い圧力となるのだが、今の日本では投資する先に乏しく、結局海外で再投資されてしまうケースが多いと考えられる。つまり第一次所得収支は黒字なのだが、大部分は日本に戻らず、円買いを発生させない黒字である可能性が高いと考えられている。

　これは日本経済がかかえる問題の重要なポイントとなっている。つまり日本企業でさえ日本に投資をしなくなっているのだ。経常収支は黒字のまま、日本から資金が海外に流出し続けている。

第3章
弱い円ができるまで

日本の経常収支とその内訳

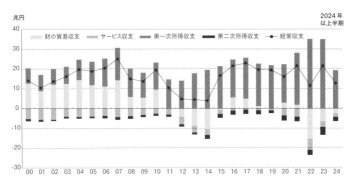

出所：財務省

日本企業や投資家は海外でたくさん投資をして
利益を得ているが、その分をまた海外で投資をしている

まとめ

経常収支で黒字なのは第一次所得収支のみで、その多くは海外で再投資され、日本に戻ってこない。だから経常黒字でも円高にならない。

8

日本の金利が
低過ぎることも円安
の要因なのですか？
なぜ日本の金利は
低いままなのですか？

第3章
弱い円ができるまで

バーガー博士、日本銀行が金利を低く抑えているので、他の国との金利差が大きくなって円安になっていると聞いたがことがあります。なぜ他の国の金利は高いのに日本の金利は低いままなのですか？

日本銀行が金利を上げられないのは、金融緩和をしている間に日本経済を強くするための構造改革や新陳代謝が行われてこなかったことと、政府の借金が大きくなり過ぎたことなどが背景だね。他の先進国ではインフレ率上昇に伴って金利を上げ始めたので、日本との金利差が拡大してしまったのだね。

　日本は1990年代〜2011年にかけての円高で輸出企業が苦しんでいるとの認識が強かったため、2012年以降の急速な円安の動きを歓迎した。円安になって日本企業が海外で稼いだ利益が円で見ると膨れ上がり、日本の株価も上昇したので、日本経済を取り巻く問題は解決し、いよいよ日本経済が復活するとの期待が高まった。

　しかし、アベノミクス3本の矢は、本来、1本めの矢である金融政策と2本めの矢である財政政策で時間を稼いでいるうちに、3本めの矢である構造改革で日本経済を強くするはずだった。それが3本めの矢はほとんど放たれず、1本めと

２本めだけに頼り続けていたので、日本経済は弱体化してしまった。痛み止めが効いている間に手術をするべきだったのが、手術を行わないままにしているので、痛み止めがやめられないということだ。

日本政府の借金（国債発行残高）は日本の名目GDP（国内総生産）の倍以上の額にまで膨れ上がっている。先進国の中では圧倒的に大きい規模になっている。このように借金が多い状況下で長期金利が上昇すると、政府が支払わなければならない金利の額も増えるので、日本政府も日本銀行が金利を上げ始めたら困ることになる。

こうした状況下で、コロナ禍前後から、世界経済はそれまでの物価上昇率が低い（デフレ）状態から、比較的物価上昇率が高い（インフレ）状態に変化し始めた。その結果、世界の主要中央銀行はコロナ禍が収まって以降、金利を引き上げ始めたが、日本銀行は経済が弱いままなので金利を上げられず、世界と日本の金利差が拡大した。

実は日本も物価上昇率（インフレ率）が以前よりも高くなったのだが、金利が上げられないので、実質金利（名目金利マイナスインフレ率）が50年ぶりの大幅なマイナスとなった。つまり、円という通貨は持っていると実質的には目減りするようになった。これも円が弱くなっていることの重要な理由だ。

第3章
弱い円ができるまで

日本と他主要国の政策金利差

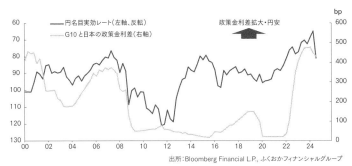

出所：Bloomberg Financial L.P., ふくおかフィナンシャルグループ

> 日本は経済が弱いままなので金利が上げられず、
> 他国との金利差が大きくなった

日本の国債残高、利払費、金利

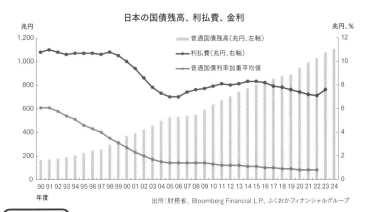

出所：財務省、Bloomberg Financial L.P., ふくおかフィナンシャルグループ

まとめ

日本は痛み止め（金融・財政政策）が効いているうちに手術（構造改革）をしなかったので、痛み止めがやめられない。

9

なぜ世界や
日本の物価は
上がり始めた
のですか？

第3章
弱い円ができるまで

バーガー博士、なぜ世界や日本の物価は上がり始めたのですか？ ロシアがウクライナに侵攻してエネルギーや穀物の値段が上がったから、と聞いたことがあるのですが、本当ですか？

ロシアによるウクライナ侵攻も影響しているのは事実だけど、もっと深い構造的な理由があると思うよ。世界で働き手が少なくなっていることや、モノやサービスの価格が安いことだけがよいことではないと価値観が変わってきていること、世界の中央銀行がコロナ禍でお金をばら撒いたことも影響しているね。

1990年代から2000年代は、先進国では第二次大戦後のベビーブームの時代に生まれた、人数の多い世代が労働力の中心となっていた。そして、同じようなタイミングでベルリンの壁が崩壊（1989年）し、東欧の安い労働力が供給されるようになり、2001年には中国がWTOに加盟し、その後世界の生産拠点になっていく。つまり、1990年代から2000年代は、世界中で働く人が多くなり、様々なモノを生産したり、サービスを提供するためのコストが低くなったので、物価が上がりにくくなるという時代が続いた。

しかし、2010年代以降、先進国ではベビーブームの時代

に生まれた世代が引退する時代に入り、中国や東欧の労働力も安くはなくなったことで、労働者が豊富だった時代から不足する時代に入り始めた。そうした中で、米国でトランプ大統領誕生（2017年1月）、英国のEU離脱（2020年1月）など保護主義が拡がり、加えて、脱炭素化の進展から、コストが安ければよいという価値観が大きく変化し始めた。つまり、コストが安いということよりも重要な価値観（自国民優先、環境優先）が強くなっていった。そうなればコスト高＝物価上昇となる。

　そして、2020年頃から世界中に拡まったコロナ禍で、各国の中央銀行が国債を大量に購入する量的緩和を行っている最中に、政府が補助金などの支払いのため巨額の財政支出を行なったため、民間企業、家計の手元にお金が大量に配られた。通常の財政支出の場合には、民間企業・家計の手元にあるお金が再配分されるだけだが、中央銀行が国債を購入しながら多額の財政支出が行われたので、民間企業・家計が持っているお金が急増した。お金がたくさん配られれば、お金の価値は下がる。つまり物価は上がる。

　そして、2022年2月にロシアがウクライナに侵攻し、エネルギー・コモディティ価格が高騰したことも物価を押し上げる重要な要因となった。

　言うまでもなく、働き手が少なくなってきているという状況は、既に人口が減少し始めている日本が先頭を走っている。これから労働市場に入ってくる日本の10代の人口は、これから労働市場から退出する50代の人口の6割しかいない。

第3章
弱い円ができるまで

　日本の企業は働く人を確保するために給料を引き上げなければならない。給料を引き上げるためには製品やサービスの価格を上げなければならない。これからも日本のインフレ率は比較的高い水準で推移する可能性が高い。

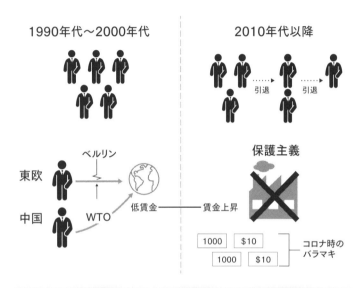

1990年代～2000年代は先進国も新興国も働き手が豊富だった。だから安い価格でモノがつくれ、サービスが提供できた

まとめ

日本や世界の物価上昇の背景には、労働力不足や価値観の変化によるコスト上昇もある。

10

実質金利が
マイナスって
どういう意味ですか？
預金や現金が
目減りしているって
本当ですか？

第3章
弱い円ができるまで

バーガー博士、最近、実質金利がマイナスで、預金や現金が目減りしているって聞くのですが、それは本当ですか? 実質金利がマイナスってどういうことですか? なぜそんなことが起きているのですか? これも円が弱くなっている要因ですか?

実質金利は、普通一般的にみる名目金利からインフレ率を引いたものだね。物価が1年間に3%上がっている世界で、預金の金利がゼロだったら、銀行預金にお金を預けていたら、1年後には実質的に3%目減りしてしまうことになるよね。日本でもインフレ率が以前に比べて高くなっているのに、金利は低いままだから、実質金利は大幅にマイナスとなっている。これも他の通貨に対して円が弱くなっていることの重要な要因だね。

実質金利は名目金利から期待インフレ率を差し引いたもの。実際には期待インフレ率を測るのは難しいから、簡単に理解するために名目金利マイナスインフレ率で考えてよいだろう。

例えば、物価の上昇率(インフレ率)が1年間で3%の時、100万円を金利がゼロ%の預金に預けていたとしよう。預ける前に100万円で買えたものは、1年後には103万円に値上が

りしている。しかし、預金は金利がゼロ％だから、1年経っても100万円は100万円だ。そうすると、1年前には買えたものが、1年経った後は103万円になってしまっているので買えなくなっている。これはモノの価格が3％上昇したとも言えるが、預金の実質的な価値が3％低下したともいえる。つまり、実質金利がマイナス３％ということだ。

　円を弱い通貨にしているのは、他国との名目上の金利差だけではない。世界がインフレ時代に突入したことで、日本にもインフレの波が押し寄せた。日本は年間140兆円程度、名目GDPの2割以上の財やサービスを海外から輸入している。海外のインフレ率上昇が日本の物価に影響しない訳がない。加えて、労働者が不足する時代に入っているのは日本も同じだ。日本の企業が賃上げをしなければならないのは、労働者確保のためだ。そして賃上げを行うために、自社の製品やサービスの価格を引き上げなければならない。

　こうして日本でもインフレ率が上がってきたが、日本は前述のような理由から思い切った利上げができないから、**実質金利が約50年ぶりの大幅なマイナスとなった。持っていると実質的には目減りしていく通貨など誰も持ちたくないから、円が弱くなっていくのも当たり前の話なのだ。**

第3章
弱い円ができるまで

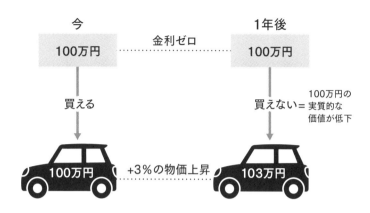

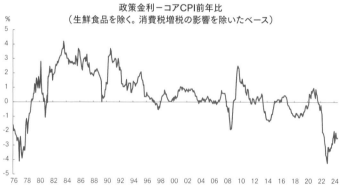

政策金利−コアCPI前年比
（生鮮食品を除く。消費税増税の影響を除いたベース）

出所：Bloomberg Financial L.P., ふくおかフィナンシャルグループ

まとめ

日本でもインフレ率が上がっているのに金利が上げられないから、実質金利は大幅にマイナス。円は持っていると目減りする通貨。

11

日本経済にとって
円安と円高
どちらがよい
のですか？

第3章
弱い円ができるまで

バーガー博士、円安は日本にとってよいことだと言っている人もいるのですが本当ですか？ 日本にとって円安と円高どちらがよいのですか？

円安がよいか、円高がよいかは立場によって違うと思うよ。マネオくんやご家族が海外に資産をたくさん持っていたり、外貨を稼ぐビジネスをしているなら円安の方がプラスだろうけど、そうでなければ円安はマイナスの方が大きいかもしれない。円安が近隣窮乏化政策になったのは昔の話で、今は日本が窮乏化してしまうかもしれないね。

円安の方がよいか、円高の方がよいかは、その人の置かれている立場によって異なる。海外に資産をたくさん持っていたり、外貨を稼ぐビジネスをしているなら円安の方がプラスだろう。円で換算した資産総額や利益が膨らむからだ。日本株も総じて上昇するので、多額の日本株を保有している人にとってもプラスだろう。しかし、そうでない人にとって円安はマイナスの方が大きい。

日本経済全体にとっては円安の方が「数字的」にはプラスになる。なぜなら**日本の大企業の多くは世界に多額の資産を持ち、海外ビジネスを拡大しているので、円安になった方が**

世界に保有する資産の円建ての価格は増加し、企業収益の円に換算した額も増加する。その結果、円建ての株価も上昇し、円建てで見た日本の名目GDPも大きくなる。

問題は、そうした円安メリットを享受できる日本人の数はそれほど多くないということだろう。国全体にとって数字的にはプラスでもそれを享受できる人の数は少ない。一方、多くの人は円安による、エネルギーを含む輸入品価格の上昇により生活水準を下げることになる。海外旅行にも行きづらくなるなど、デメリットの方が大きくなると考えられる。

それでも国にとって数字上、プラスならよいだろうと言う人もいるかもしれない。しかし数字上のメリットは、**円という通貨の価値が下がっていることによる名目上の水膨れであり、実質的に資産や収益の価値が上がっているわけではない。**日本国内に閉じて生活していればメリットを感じる人もいるだろうが、海外との繋がりの上ではプラスにはなっていない。**製造業も生産の多くを海外に移管してしまっているので、以前のように円安になっても輸出が増えなくなっている。**

一方、日本はエネルギーだけではなく、食料品、医薬品、電気機器などの多くが輸入の方が大きく、貿易赤字になってしまっている。生きていく上で必要なエネルギー、食糧、医薬品、電気機器を自国で生産し、自国内で賄えるのであれば、自国内で閉じた資産の評価額や収益額が膨れているのをよしとするだけでよいかもしれない。しかし、**日本は海外から多くのエネルギー、食料、医薬品、電気機器を購入し続けなければならない。こうした生活必需品と交換する我々の通貨の**

価値が下落していくことが、長期的に見て日本国全体にとってプラスとなるとは考えにくい。

自国通貨安政策は近隣窮乏化政策と言われる。それは自国通貨を切り下げると輸出が増え、国内では生産が増え、失業者が減る一方、それを輸入する相手国は生産が減り、失業者が増えるからだ。しかし、それは自国通貨安になった時に生産や輸出を増やすことができる経済にとってのことだ。昔の日本はそうだったかもしれないが、今は生産拠点の多くが海外に出て行ってしまったこともあり、円安になっても輸出量はさほど増えない。近隣を窮乏化させる前に、日本が窮乏化してしまう可能性がある。

まとめ

自国通貨安政策は、以前は隣国を窮乏化させたが、今は日本が窮乏化してしまう可能性がある。

COLUMN

金融パーソンの日常③

　筆者はJ.P.モルガン時代も、ふくおかフィナンシャルグループに移ってからも、平均すると1日1件以上、お客様とミーティングをしてきている。形式はこちらがプレゼンをして見通しを説明するかたちだが、その中でのお客様の質問や意見、世間話から学ぶことは多い。デイリーレポート以外で筆者が書いてきたレポートの題材の半分以上は、こうしたミーティングからヒントを得たものだと思う。世の中の変化に敏感になるためにも生の声を聞く機会はとても重要だ。

第 **4** 章

投資って何をすればよいの？

1

投資とギャンブルは
どこが違うのですか？

第4章
投資って何をすればよいの？

マネオ

バーガー博士、最近はお金を増やすために投資をした方がよいと勧められるのですが、投資とギャンブルはどこが違うのですか？

バーガー博士

違うところはたくさんあるね。まず、ギャンブルは比較的短期間で利益を得ることを目的としていて、かつレバレッジが大きい。また、ギャンブルに投じられたお金は一部を差し引かれたものを一部の人に配分しているので、参加者が所有するお金の総額は減っていく。それから、ギャンブルは自分のお金が増えることしか目的としていないね。投資はこれらの点がギャンブルとは異なるのだよ。

よく投資をギャンブルのように考えている人がいるが、投資とギャンブルは様々な点で異なる。

まず、ギャンブルは比較的短期間で利益を得ることを目的としている。例えば、カジノ、競輪、競馬、パチンコなどは数分〜数十分後に結果が出る。少し長めの宝くじでも数日後には結果が出る。加えて、ギャンブルは「レバレッジ」が大きい。レバレッジとは「てこの原理」のことで、少ない元手資金で大きな利益を獲得することを意味する。しかし当然大きな損失に繋がるリスクも高く、ギャンブルの場合は通常、負ければ掛け金は全てなくなる。だから、ギャンブルに使う

資金は「なくなってもいいや」と思える金額に留めるべきだ。

　投資の世界にもレバレッジが大きいものがある。「レバレッジ型ファンド」とか「ブル・ベア型ファンド」といった投信だったり、レバレッジをかけた外為（FX）証拠金取引だ。こうしたものは投資というよりギャンブルに近い性質のものとなる。他のギャンブル同様、元々無くなってもいいや、と思える資金しか使うべきではない。一方、本来の投資（レバレッジをかけない投信や外為（FX）証拠金取引を含む）は数年〜数十年で結果を出して利益を出すことを目的としている。農作物や木をじっくり育てるイメージだ。

　また、ギャンブルにお金をかける場合、何らかの根拠を持ってお金をかけることは難しい。競馬などは馬の血統や過去のデータなどで分析をする場合もあるが、カジノやパチンコ、宝くじなどの結果は運を天に任せるような側面が強い。一方、投資は経済情勢、企業の事業内容などから、将来の状況を合理的に予測して行う。もちろん、予測が外れ、損失を被る場合もあるが、その場合もなぜ外れたのかが比較的わかりやすい。また、途中で当初の予測が外れたと感じれば軌道修正ができる。

　さらに、ギャンブルはそれを主催している胴元が一部を手数料として徴収し、残りを参加者の中で運がよかった人のみに配分しているので、胴元以外の参加者が所有するお金の総額は減っていく。一方、投資は投資をした人全てのお金が増えていくことも十分あり得る。

第4章
投資って何をすればよいの？

　最後に、ギャンブルは基本的に、自分のお金が増えることだけを目的として行われている。一方、投資は資金を使って事業を拡大したい企業や、家や車を買いたい人、社会生活を向上させるための公共事業などに、今は自分では使わないお金を提供していることになるので、自分のお金が増えるだけではなく、結果的に誰かの役に立ったり経済活動を活発化させることにつながっている。

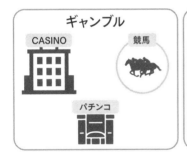

> **まとめ**
>
> ギャンブルはなくなってもよいと思える資金の範囲内でやるもの。
> 投資はなくなったら困る資金を長期間で育てていくもの。農作物や木を育てるイメージ。

2

投資はやらなければ
いけないことですか？
預貯金をコツコツ
貯めるのが一番安全
じゃないですか？

第4章
投資って何をすればよいの？

バーガー博士、投資はやらなければいけないことなのですか？　銀行などで預貯金をコツコツ貯めるのが一番安全じゃないのですか？

誰もが皆、今持っているお金をできれば増やしたいと思っているだろうし、でも失いたくもないとも思っている。将来仕事をして得られる収入も、先行きのために貯めておきたいとも思うし、その貯めていくお金もできれば増やしたいと思っているし、失いたくもないと思っている。そのバランスの中で、お金を増やしたいという気持ちが強い場合に選択するのが投資と言えるね。ただ、預貯金をコツコツ貯めていればお金を失わないというわけでもないのだよ。

自分が今持っているお金、あるいは将来仕事をして得られる収入をどのようにするか。誰もが皆、今持っているお金をできれば増やしたいと思っているだろうし、一方で失いたくもないとも思っている。将来仕事をして得られる収入も、先行きのために貯めておきたいとも思うし、その貯めていくお金もできれば増やしたいと思っているし、失いたくもないと思っている。

　自分が今持っているお金、あるいは将来得られるお金をどうするかの選択肢を表す言葉としては、「消費」「貯蓄」「投

資」「運用」が考えられる。

「消費」はモノやサービスを購入してお金を使うことだ。もちろん、悪いことではないが、人生は先行き何が起こるか分からないので、少しはとっておきたいし、できればとっておいている間に増えてほしい。でも、お金が少なくなってほしくもない。

　そう考えた時に選択肢となるのが、「貯蓄」「投資」「運用」だ。「貯蓄」はできればそのまま同じ額で持って置きたいと考えた時の選択肢だ。銀行などの預金・貯金に預けておくことになる。ただ、預金・貯金に預けておくと、金利が低い状態だと預けた金額はほとんど変化しないのだけど、物価の上昇率が金利よりも高いと実質的には目減りしていくことになる。前にも説明した実質金利がマイナスの状態だ。だから、インフレ率が金利を上回っている時に、銀行などでコツコツ貯めるのが安全かというとそうとも言えない。もうこれまでの日本とは状況が違うのだ。

　それから、私たちが銀行などに預けている預金・貯金も実はその銀行などによって債券や貸付などに投資されているということは覚えておこう。

　そこで、「投資」「運用」という言葉が出てくるが、「投資」はできればお金を増やしたいと思う時にとる行動で、「運用」は「貯蓄」と「投資」の双方を組み合わせて、お金の置き場所を考え、実行することを意味する。

第4章
投資って何をすればよいの？

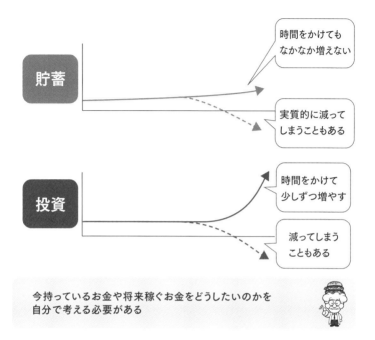

今持っているお金や将来稼ぐお金をどうしたいのかを
自分で考える必要がある

まとめ

お金の置き場所（貯蓄か投資か）を考える（運用）
必要がある。以前と異なり、最近は貯蓄だけだと
少しずつ目減りする可能性も。

3

分散投資って
なんですか？
投資のコツって
ありますか？

第4章
投資って何をすればよいの？

バーガー博士、「投資をするなら分散投資をする方がよい」と聞くのですが、それは本当ですか？　投資のコツってあるのですか？

分散投資は2つの意味で行なった方がよいと思うよ。1つめは投資をする対象の分散。もう1つは投資をするタイミングの分散。投資が必ず成功するというコツはないけど、大事なことは自分で情報を得て、考えて、自分で判断して、時間をかけて少しずつ行なっていくということが大事だね。だからこれからの時間が長い、若いうちから始める方がよいのだよ。

　一般的な投資の対象として大きく分けると、預貯金、債券、株式がある。そして、株式、債券、預貯金それぞれに、日本のもの（円建て）と海外のもの（外貨建て）がある。つまり、**日本の株式、日本の債券、日本円の預貯金、海外の株式、海外の債券、外貨預金と6種類に分けられる。金などの商品（コモディティ）も含めて7種類と考えてもよいかもしれない。**

　株式については基本的には個別の会社の株式なので、日本と海外を合わせれば膨大な数の企業の株式がある。債券については、大きく分けると国が発行する国債と、企業が発行す

る社債がある。預金も様々な国の通貨があり、金利も異なる。**こうしたいつくかの投資対象をまとめて、プロが一定のルールにそって投資を行う投資信託**というものもある。

こうした選択肢の中から自分なりに判断して、いつくか複数の資産に投資をする方がよいと考えられる。これが1つめの分散投資だ。どんなにたくさんの情報を集めてしっかり分析しても、予想がいつも当たるとは限らない。マーケットは日々起こる事象や経済の動きに影響を受ける。将来発生することを全て的確に予想するのは無理な話だ。だから**予想外のことが起こることも想定して、複数の資産に投資をしていた方がよい。**分散投資をしていると、自分の予想したことが概ね当たった場合、集中的にひとつのものに投資していた時に比べるとリターンは小さくなるが、予想外の方向にマーケットが動いた場合の損失はひとつのものに投資していた時に比べると抑えられる可能性がある。

加えて時間の分散も必要だ。マーケットは、最終的に自分が予想していた方向に動いたとしても、そこまでの過程で上下動するのは避けられない。最安値で買って、最高値で売るのは無理な話だ。**投資は、少しずつ、時間をかけて行う方がよい。思い立って投資を始めた時がたまたま最安値などということはほぼあり得ない。だから投資は若い時から始めた方がよいと思う。**最初のうちは、毎月お給料の中から少額ずつ投資するように積立の設定をして、後は暫く投資をしていることを忘れてしまうくらいの方がよいかもしれない。少なくとも毎日、毎週、毎月の上下動に一喜一憂しないことだ。投

第4章
投資って何をすればよいの？

資をする時に最も避けるべきことかもしれない。

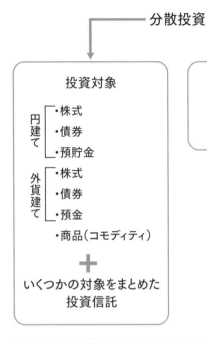

マーケットは予想外の変動をすることも多い
投資を始めたら、そのまま価格が上昇し続けることなどない

まとめ

リスクに備えるためにも投資対象の分散、
タイミングの分散が重要。

4

債券に投資するのと
株式に投資するのは
どう違うのですか？

第4章
投資って何をすればよいの？

バーガー博士、先ほどのお話の中に「債券」という言葉が出てきたのですが、「債券」ってなんですか？「債券」に投資するのと株式に投資するのはどう違うのですか？

債券はお金を借りる人が発行するもので、通常一定の金利を払う約束をして発行される。だから、債券価格が動くということは金利が動くということになるのだよ。債券に投資をすると、基本的には投資資金は全額戻ってくる。株式は出資を受けることにより企業が発行するもので、借入ではないので、企業は株式に投資されたお金を返済する必要はない。

債券はお金を借りる人が発行するもので、通常は一定の金利を支払う約束をして発行される。債券を発行するのは主に国と企業で、国が発行する債券を「国債」と呼び、企業が発行する債券を「社債」という。

債券を保有している人には、債券を発行している人から金利が支払われる。通常は「社債」の金利の方が「国債」の金利より高い。「社債」の中でも、企業の経営状態がよいと思われている企業の金利は低く、悪いと思われている企業の金利は高い。

加えて、債券には期間がある。つまり、お金を借りる期間

ということだが、その期間は予め数週間から数十年と様々な長さで決められている。通常は借りる期間が長いほど支払うことが約束される金利の水準は高くなる。

国が発行する「国債」より企業が発行する「社債」の金利の方が高く、期間が短い債券より長い債券の方が一般的に金利が高いことからも分かるように、金利が高いか低いかには将来の不確実性が影響している。不確実と思われる方が金利が高い。

債券はお金を借りる人が発行するので、通常、債券に投資したお金は、予め決められた期間が終了したら債券を発行した企業や国から返済される。ただし、企業の場合倒産すると全額は戻って来なくなる。国の場合も新興国の場合、稀にデフォルト（債務不履行）となり戻ってこないことがある。

債券価格も市場で変動するが、債券価格が変動すると金利が変動する。難しいので頭の片隅に入れておいてもらえればいいが、債券価格が上昇すると金利が低下し、下落すると金利が上昇する。

債券投資は通常の場合、金利収入を目当てに行われ、投資した資金は返済されることが大前提となっている。したがって、一般的に株式投資よりは損失を被るリスクが低い。

一方、株式投資は企業が出資を受ける代わりに発行するもの。借入ではなく、出資なので、企業は投資されたお金を投資家（株主）に返済する必要はない。ただし、通常は利益の中から投資家（株主）に対して配当を払う。株式に投資をする人（投資家）は、その企業の出資者クラブに入るようなイ

メージだ。だから株式は出資者クラブの会員権と考えてもよいかもしれない。出資者はその企業のビジネスが拡大し、利益が増えることを期待している。利益が増えるとその出資者クラブに入りたいと思う人も増えるので株価（会員権の価格）が上昇する。

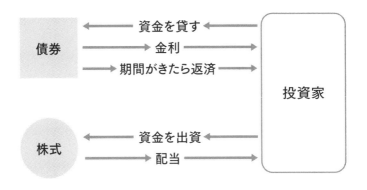

**一般的に債券への投資はローリスク・ローリターン
株式への投資はハイリスク・ハイリターン**

> **まとめ**
>
> 債券への投資はお金の貸付けなので資金は返済される。株式への投資はお金の出資なので資金は返済されない。

5

マイナス金利は
何の金利がマイナス
だったのですか？

第4章
投資って何をすればよいの？

バーガー博士、金利の話が出てきて思い出したのですが、日本は最近までマイナス金利と言われていましたよね？ 何の金利がマイナスだったのですか？

世界の国には中央銀行と呼ばれる、銀行の銀行、政府の銀行となっている組織があって、この中央銀行が政策金利と呼ばれる金利を決定する。この政策金利は通常1日など、非常に短い期間の金利になっている。日本の中央銀行である日本銀行は日本の政策金利を2016年1月から2024年3月までマイナス0.1%にしていたのだよ。

　世界の国には中央銀行と呼ばれる銀行がある。中央銀行は銀行の銀行、政府の銀行という役割を担っている。つまり銀行や政府の口座が中央銀行の中にあるということだ。我々が自分の銀行口座から誰かの口座に送金する時には、中央銀行にあるそれぞれの銀行口座間で資金移動が行われるということは第3章で説明した。また、中央銀行には銀行券（つまりお金）を発行する役割（発券銀行）もある。

　この他、中央銀行には政策金利と呼ばれる金利を決定する役割もある。政策金利は通常1日など、非常に短い期間の金利となっている。債券価格の変化で変動するのは通常数週間

から数十年の期間の金利で、とくに1年以上の期間の金利のことを長期金利と呼ぶ。逆に1年未満の期間の金利のことを短期金利と呼ぶ。これらの期間の異なる金利の一番の元になるのが政策金利だ。

　通常2年程度までの期間の金利はこの政策金利の先行き予想を織り込むかたちで金利水準が決まってくる。それ以上の期間になると、政策金利の先行き予想に加えて、様々なリスク要因を織り込んで決まると考えられている。

　日本の中央銀行である日本銀行は日本の政策金利を2016年1月から2024年3月までマイナス0.1%にしていた。

　一般的に金利が高いと、企業や家計はお金を使わず、高い金利で預貯金をしようとする。お金を借りたくても金利が高いと借りるのをやめてしまうかもしれない。一方、金利が低いと、企業や家計は低い金利しか得られないならお金を使おうと考える。お金を借りようとする時も金利が低い方が支払う金利が少なくて済むので得だ。

　政策金利をマイナスにしたということは、銀行間の取引でお金を日銀に預けておくと、金利を得られるどころか、逆に減ってしまうことになるので、銀行が貸し出しを増やすことが期待されていた。ただし、実際にマイナス金利が適用される部分は小さかったので、あまり効果はなかったと考えられている。

第4章
投資って何をすればよいの？

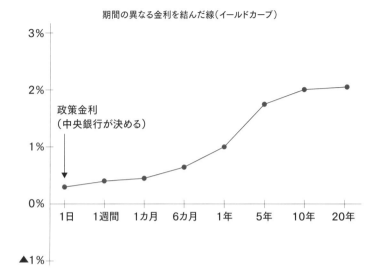

政策金利は通常期間1日の短い金利。中央銀行が決めて、それを元にマーケットでより長い金利が決められていく

> **まとめ**
>
> 日本銀行は2016年1月から2024年3月まで
> 政策金利をマイナス0.1％にしていた。

6

株式投資って
危なくないのですか？

第4章
投資って何をすればよいの？

バーガー博士、株式投資って株価が下落するリスクがあって危ないという人もいるのですが、本当はどうなのですか？ 最近も急落したので心配です。

投資にはいつでもリスクがあって、とくに個別企業の株価は上下動する幅が大きい。当然、投資した後、下落して損失を被るリスクはある。だから株式に投資をする場合は、余裕資金を使って、長期的にビジネスを伸ばしていける企業を探して、少しずつ、長期間に渡って投資する必要がある。株価は基本的に利益×倍率で決まっていて、今の株価の上昇は利益がインフレと円安で膨らんでいることが背景になっている。80年代後半のバブル期のように倍率が極端に高かった時と状況は異なる。

株式は企業に出資した投資家が手にする証券なので、株主はその企業の一定の持分を所有していることになる。別の言い方をすると、その企業の出資者グループの一員になることになる。だからその企業のビジネスが成功して、将来にわたって多くの利益が得られるようになったり、期待が膨らむと、その企業の出資者グループに入りたいという人も増えるので、持分を示す証券の価値も上がることになる。

株価は基本的に「1株当たりの利益」×「倍率」で決まる。

だから、ある企業の利益が今後もあまり変わらず一定であることが想定される場合、株価はあまり大きく動かないが、ビジネスが大きく成長して、利益が大きくなる可能性が期待されると、「倍率」が上がったり、予想される「1株当たりの利益」が上昇するので、株価が上昇することになる。

　当然、期待は大きくなったり、後退したりと変化をするし、投資家の個別の事情で所有する株を売却する必要があったりするため、株価は上下動が大きくなることが多い。結果的に将来大きく上昇する株価でも、上昇する前にしばらく下落し、低迷し、その後に大きく上昇することだってある。だから、株式はとくに投資するタイミングの分散が必要だろう。

　前に説明した債券は資金を貸しているのと同じだから、基本的に元本は戻ってくる。だから債券価格が極端に上下動することは少ない。しかし、株式については投資した元本が企業から返済されることはない。投資した元本を回収したければ、買った時以上の価格で市場で売却するしかない。だから株価が買った時よりも下落したままだと元本は回収できない（ただし、利益の中から持分に応じて配当が支払われる）。

　ただ、現在の株価の水準が80年代後半のバブル期を超えたからと言って、今がバブルとは言えないだろう。当時は「1株当たりの利益」×「倍率」の「倍率」が大きく上昇していた。つまり、あまり根拠のない自信というか期待が膨らんでいた。今は「1株当たりの利益」×「倍率」の「1株当たりの利益」が大きく上昇して、株価が上昇している。日本企業の稼ぐ力が大きくなったと言いたいところだが、インフレと円安

第4章
投資って何をすればよいの？

で円建ての企業収益が膨らんでいるから、という側面が強い。

株価 ＝ 利益 × 倍率

今はこっちが
円安とインフレで
膨らんでいる

80年代後半の
バブル期は
これが大きかった

1980年代のバブルは期待先行で倍率が上がった
今は利益の額がインフレや円安で膨らんでいる

> **まとめ**
>
> 株価は企業が稼ぐ利益と将来への
> 期待の大きさで決まる。

7

日経平均株価
とはそもそも
なんですか？

第4章
投資って何をすればよいの？

バーガー博士、最近日経平均株価が史上最高値まで上昇したとか、過去最大の下落・上昇とか聞くのですが、そもそも日経平均株価って何の株価なのですか？

株式は個別の会社毎に発行されるものなので、株価も個別の会社毎に動いている。ただ、個別の株価を全部みると、株式市場の大きな動きが分かりにくいので、一定の数の会社の株価をまとめて「指数」をつくって、その動きを見たりする。そのひとつが日経平均株価指数で、日本の代表的な225社の株価全体の動きを示す指数になっているのだよ。

株式は個別の会社毎に発行され、証券取引所で取引される。証券取引所で取引されるようになることを上場と言う。例えば、東京証券取引所に上場されている企業数は約3,950社、ニューヨーク証券取引所は約2,300社、欧州のユーロネクストに上場している企業は約1,900社もある。これだけ多くの企業の株式が取引されていると、株価全体としての動向が分かりにくい。したがって、世界の株式市場では、その国の代表的な会社（銘柄）の株価で構成される株価指数を算出して、その動きを見たりする。もちろん、時が経つにつれて、指数の基準に合わなくなるような会社は他の企業と入

165

れ替えられたりしていく。

　日経平均株価指数は、日本経済新聞社が上場されている株式の中で、取引されている株式数が多い（流動性が高い）銘柄の中から、業種のバランスも考慮して225銘柄を選んで算出している指数で、日本の代表的な株価指数と言える。

　日本には他にも東京証券取引所に上場している2,000社以上の銘柄で構成されている**TOPIX指数**とか、時価総額が大きく、収益性も高い150の代表的な銘柄で算出される**JPXプライム150**といった指数もある。

　アメリカで有名なのは、**NYダウ**と呼ばれる指数で、これはアメリカの代表的な30社だけで構成されている指数だ。マクドナルド社の株価もこの指数に含まれている。アメリカにはこの他、**S＆P500**という指数もあり、アメリカの代表的な500社の株価をまとめて指数にしている。この指数は米国株式市場の時価総額の80％をカバーしている。

　投資信託の中には、こうした代表的な株価指数と同じ動きをするように運用をしているファンドが数多くある。最近新NISAを通じた投資の中で人気なのが、S＆P500指数に連動する投資信託だ。個人でアメリカの代表的な500社の株を保有するのは大変だけど、こうしたファンドに投資すれば同じような効果が期待できる。

第4章
投資って何をすればよいの？

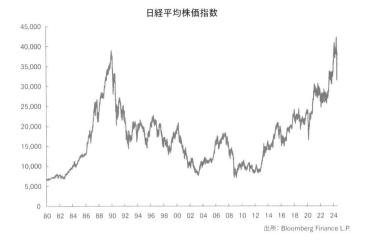

日経平均株価指数

出所：Bloomberg Finance L.P.

世界には代表的な企業の株価を
ひとまとめにした指数がいくつもある
そのひとつが日本の日経平均株価指数

> **まとめ**
>
> 日経平均株価は、日本を代表する企業の
> 株価の全体的な動向を表している。

167

8

暗号資産（仮想通貨）は投資対象にならないのですか？

第4章
投資って何をすればよいの？

バーガー博士、ビットコインやイーサリアムのような暗号資産（仮想通貨）は投資対象としてどう思いますか？

暗号資産（仮想通貨）は変動が大き過ぎて通貨としては使えないけど、ヴァーチャルな資産として興味深い資産ではあるし、分散投資の観点から投資対象のひとつとして否定はしないよ。ただ、その価値に責任を持つ主体がいないこと、変動する理由が不透明なことから、他の金融資産とは区別して考えたいね。

暗号資産（仮想通貨）はインターネット上でやりとりできるヴァーチャルな資産であり、債券や株式、通貨とは全く異なる性質を持つことから、分散投資の観点から投資対象のひとつとして検討することを否定されるものではない。

ただ、資産として投資対象となるかどうかを検討する前に指摘しておきたいのは、ビットコインやイーサリアムのような暗号資産（仮想通貨）は、「通貨」と呼ばれているが、重要な点において、「通貨」には適していない。それは、変動が大き過ぎる、という点だ。

ビットコインは対米ドルで1年半程度のうちに約14倍まで上昇したと思ったら、その後の1年程度で4分の1以下に下落し、そこから1年半程度で5倍程度まで上昇した。こん

なに価値が不安定で変動が大きい通貨で給料をもらったら、生活がかなり不安定になる。前に説明したが、通貨の価値は物価の反対側の意味となる。つまり通貨の価値が上昇するということは、物価が下落することを意味し、通貨の価値が下落するということは、物価が上昇することを意味する。**ビットコインを日頃使う通貨に決めた国の物価は乱高下してしまい、まともな生活を送れないだろう。**

　通貨としては使えなくても、資産としては興味深い資産ではある。ただし、株式や債券、一般的な通貨と異なり、資産としての重要な問題点もある。ひとつは、**その価値に責任を持つ主体がいないことだ。**株式であれば企業が自社の価値を保とうとする。失敗することもあるが、少なくとも価値を保とうと各社とも日々奮闘している。債券であればそれを発行した企業なり国は、債券の期限が来たら資金を返済しないとデフォルト（倒産）になってしまうので、約束通り返済するように努力をする。通貨も各中央銀行が自ら発行した通貨の価値を保とうと金融政策を行っている。その政策が失敗して価値を毀損してしまうこともないわけではないが、少なくとも責任の所在がはっきりしている。しかし、暗号資産（仮想通貨）は価値に責任を持つ主体がいない。

　もうひとつは、**変動する理由が不透明なことだ。**株価、債券、通貨であれば、後付けであろうと、それなりに変動の理由は分かる。しかし暗号資産（仮想通貨）の変動は、事後的にも変動の理由を説明するのが難しい。そういう意味では投資というかギャンブルに近い側面があると言える。

第4章
投資って何をすればよいの？

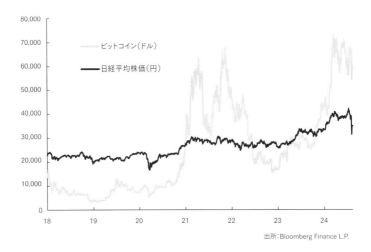

出所：Bloomberg Finance L.P.

ビットコインは日経平均株価と比べても変動が大きい
過去6年半程度のボトムからピークまでは日経平均が2.6倍
ビットコインは93倍だ

まとめ

暗号資産（仮想通貨）は変動が大き過ぎて通貨としては使えない。
また、その価値に責任を持つ主体が不明で変動する理由も不透明。

9

投資を始めると
したら結局
何から始めれば
よいですか？

第4章
投資って何をすればよいの？

バーガー博士、色々勉強してきたので、ぼくも投資を始めようと思うのですが、何から始めればよいですか？

まず当面、普段の生活の中で使う必要のなさそうな金額を考えて、毎月いくらずつ投資に回せるかを決めよう。あとは、日本の株式、日本の債券、日本円の預貯金、海外の株式、海外の債券、外貨の預金、金の中から自分で配分を決めよう。

皆さんがこれから投資を始めるなら、毎月いくらずつを投資に回せるかを決めるところから始めよう。もし、既に毎月3万円ずつ預金しています、という人がいたら、その3万円の中から預金以外の投資にいくら配分してもよいかを考えよう。

次にどのくらいの利益を期待したいかを考える。ただし、大きな利益を生む可能性のある投資は、逆に大きな損失を被るリスクもある（ハイリスク・ハイリターン）。小さな利益でよいと考えて行う投資は、損失も小さく抑えられる可能性が高い（ローリスク・ローリターン）。

また、こうしたリターンとリスクの関係は、今後何年間投資を続けられるかによっても異なる。まだ20歳代で引退まで30年以上あるような人はリスクの許容度が大きい。つま

り、引退までの期間が短い人に比べてリスクを取りやすい状況にあると言える。

　次に投資対象の選択だが、一般的に言って、株式→債券→預貯金の順にハイリスク・ハイリターンと言える。また、一般的に言うと、海外の資産（外貨建て）の方が日本のもの（円建て）よりも為替リスクの分だけハイリスク・ハイリターンとなる。

　こうしたリスクとリターンの関係も考えて、毎月の投資額から株式、債券、預貯金にいくらずつ配分するかを決めよう。その配分比率に正解はない。個人個人で人生のステージも置かれている状況も違う。考え方も違う。どういう選択肢を取りたいかは自分で決めよう。

　時々、投資関連の上手い話に乗っかって騙される人がいる。自分で決めずに、全部人任せにしてひと儲けしようと考えると騙されてしまう。よく知りもしない誰かが、あなたのために考えてあげて、必ず儲かる投資をして儲けさせてあげる、などということは普通に考えて起きるはずがない。もしあなたがそんなに美味しい投資機会を知っていたら、自分の資産を全額注ぎ込んで、それでもまだ余裕があったら家族とか親しい友人に紹介するだろう。わざわざ見ず知らずの人にメールやSNSで教えてあげるようなことはしないはずだ。

第4章
投資って何をすればよいの？

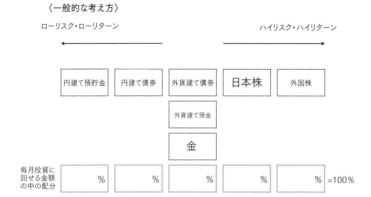

自分の現在の立場、将来等も考慮して、自分の配分を考えてみよう
投信は日本株に投資する投信であれば、日本株の配分に含める
リスクをあまり取りたくなければローリスク・ローリターンへの配分を
多めにする。リスクを積極的に取りたければハイリスク・ハイリターンへの配分を多めにする

まとめ

毎月いくらずつを投資に回せるかを
決めるところから始めよう。
そしてリスクに応じて配分を考えよう。

10

やっぱり NISA から
始めれば
よいのですか？

第4章
投資って何をすればよいの？

バーガー博士、どの資産にどのくらい配分するか自分で決めたのですが、その後はどうすればよいですか？　やっぱりNISAから始めればよいのですか？

株式や債券に投資する場合、個別に投資先を決めるのは、難しいと思うので、銀行や証券会社を通じて投資信託に投資するところから始めたらよいと思う。その際、NISA（少額投資非課税制度）の口座を開いて、毎月コツコツと投資信託に投資をしていくところから始めるのがよいと思うよ。

　ず、投資対象の選択肢のうち、円建ての預貯金に振り分ける分については、とくに説明はいらないだろう。ただ、今後も円の価値が下がっていくリスクは大きいので、今後はこれまでのように「円建ての預貯金に預けていれば安心だ」というわけにはいかないと思う。もっとも、当面必要なお金は円建てなので、それなりに保有しておく必要があるのも事実だろう。

　外貨建ての預貯金については、様々な銀行で外貨預金ができるから、金利がしっかり付くところを選んで預けよう。また、外為証拠金取引の会社で、レバレッジをかけずに外貨を買うという方法もある。これは外貨建ての預貯金と同じ効果

がある上に、金利収入が毎日入ってくるため、金利収入を実感しやすい。レバレッジをかけた取引は前にも説明したように投資ではなく、ギャンブルに近いので、なくなってもよいと思うお金でやるべきだ。したがって、「投資」には含めるべきではない。また、証券会社では外貨建てのMMFもある。これは短期の債券に投資をしているので、本来は債券投資だが、預金に似たような性質を持つ。

債券は円建ても外貨建ても証券会社で投資することができる。外貨建て債券は金利が高いが、為替リスクもあることも考慮する必要がある。もっとも、円が弱くなっていく中、為替リスクは利益に繋がる可能性も比較的大きくなっているのも事実だ。投資信託の中にも債券に投資しているファンドもある。

株は日本株も外国株も個別株取引も可能だが、個別株は選択も難しいし、変動も大きいため、最初は投資信託を通じて投資する方がよいかもしれない。銀行や証券会社の中にはどのようなファンドに投資をしたらよいか相談に乗ってくれるところもある。

とくに債券、株式に関しては、最初は銀行か証券会社を通じてNISA（少額投資非課税制度）の口座を開いて、毎月決めた額を積立投資していくのが一番よいと思う。 NISAには損失が発生しても他の投資から生じる利益と相殺できないなどのデメリットを指摘する声もあるが、そもそもこれから投資を始めようとする皆さんであれば、他の投資から生じる利益がないので問題はない。損する可能性があるといった

指摘もあるが、そもそもそれはNISAでなくても同じことだ。NISAは利益が出た場合に非課税になる制度なので、利用しない手はない。

また、重要なことは、債券、株式、外貨に配分する資金は、毎月（毎日でもよいが）、コツコツと投資を続けていくことだ。今後投資を行っている間には、投資対象資産の価格が下落して含み損となることも必ずあるだろう。投資を始めた今日から、一度も投資対象の価格が下落せずに上昇を続けることはあり得ない。

ただ、毎月（毎日）少しずつ投資をしていると、むしろ価格が下がる方が、「安い価格で積立ができる」と嬉しくなったりもする。逆に価格が上がると、「高い価格で積立てることになる」と、利益が出ているのに複雑な気持ちになる。こうした感覚になるか、むしろ日々の値動きに一喜一憂しないで、一度積立投資を始めたら、投資をしていることを忘れるくらいの境地になることが成功の秘訣かもしれない。毎日の上下動に一喜一憂していると成功は遠ざかる。

まとめ

NISAから始めよう。毎日の上下動に一喜一憂せず一度積立を設定したら、当分投資を始めたことを忘れよう（忘れられるくらいの金額で始めよう）。

COLUMN

金融パーソンの日常④

　マーケット関連の仕事をする人は、基本的にマーケットの動きを追いかけるのが好きな人だと思う。もし、あまり好きになれないようであれば、仕事としては選ばない方がよい。筆者は平日に休暇をとってどこかに遊びに行っている時でも、携帯でマーケットの動きが見られないと落ち着かない。同じ仕事をしている他社の友人と久しぶりに会っても、挨拶の後に、今日のマーケットの動きの話になる時もある。見通しが同じだと盛り上がるが、異なっても新しい学びがあるから面白い。

第 **5** 章

失われた30年から学ぶ日本の反省と未来

1

失われた30年って
どういう意味ですか？

第5章
失われた30年から学ぶ日本の反省と未来

マネオ

バーガー博士、よく失われた30年って聞くのですが、いつからいつまでの30年のことを言っているのですか？ また、何で失われたと言われるのですか？

バーガー博士

一般的に言われるのは、バブル経済が崩壊した1990年代初頭から2020年代初頭までのことを指して言われるね。この間の日本の名目GDPや平均賃金、物価はほとんど伸びなかった。だから失われた30年と呼ばれるのだよ。

1989年12月をピークに日本の株価は急落し、不動産価格も大きく下落した。そして、銀行の貸出金の中に返済が滞るものが増え始め、銀行の不良債権の大きさが問題となった。その後も様々な政策対応がうまく機能しなかったこともあり、日本経済は長い低迷の時代が続いた。この1990年代初頭から最近である2020年代初頭までを俗に「失われた30年」と呼んでいる。もちろん、これまで「**失われた10年**」「**失われた20年**」**とも言われてきたので、「失われた」時代が本当に30年で終わるのか定かではない。**

この「失われた30年」の間、日本の経済成長率は他主要国に比べると著しく低かった。データが同じ基準で遡れる**1994年から2023年までの29年間で見ると、日本の名目GDPは16％しか成長していない。**

一方、IMFのデータによると、**同期間に米国は3.8倍、カ
ナダは3.7倍、ドイツは2.3倍、オーストラリアは5.4倍に経
済成長している。**日本がこれらの国と比べるとほとんど成長
していないことが分かる。

　また、OECDのデータを使って、各国の現地通貨建て平均
年収を見ると、**日本は1994年から2023年までの29年間で
平均年収が0.2％増とほとんど変わっていない一方で、米国
は2.7倍、イギリスは2.5倍、ドイツは1.9倍、オーストラリ
アは2.6倍に増えている。**ちなみに韓国は3.8倍も増えてい
て、現時点の為替レートで換算すると、韓国の方が日本より
平均年収は1割程度高い。

　この他、日本の物価（消費者物価指数）は1990年から2023
年までの33年間で18％しか伸びていないが、米国やオース
トラリアでは2.3倍に伸びている。

　こうしたデータを見ても、日本経済が他の主要国と比べる
と、過去30年間であまり変化がなかったように見える。だ
から失われた30年と呼ばれるようになっている。

　ただし、年収や物価は最近上昇し始めており、日本経済が
失われた30年の状況から脱却し始めているようにも見える。

第5章
失われた30年から学ぶ日本の反省と未来

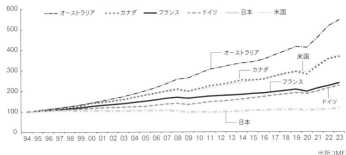
各国の名目GDPの推移（1994年＝100）
出所：IMF

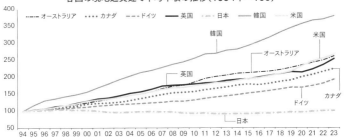
各国の現地通貨建て平均年収の推移（1994年＝100）
出所：OECD

他の主要国は過去約30年間で2〜5倍に成長したのに、日本は16％しか成長していない。日本は平均年収も変化がなかった

まとめ

失われた30年とは、バブル経済が崩壊した1990年代初頭から2020年代初頭までのことを指す。この間、日本では経済成長も他国に比べると小さく、物価や賃金もほとんど上昇していない。

2

日本政府は
借金のし過ぎ
なのですか？
いずれ破綻
しないのですか？

第5章
失われた30年から学ぶ日本の反省と未来

バーガー博士、日本政府は借金のし過ぎなのですか？ いずれ破綻しないのですか？

政府債務残高を対GDP比でみると、日本はスーダンの次に多くて世界で2番めに借金が多い国になっている。政府にお金を貸しているのは我々国民なのだが、最近は収益の最大化を考えない日本銀行を通じて大半が貸し出されている。日本政府は円建てでしか借金していないので、破綻はしないが、さらに大幅な円安に繋がってしまうリスクはある。

IMFが公表している統計（2024年4月版）によると、**政府債務残高の対GDP比は、スーダンが1位で316％、日本が2位で252％だ。その後に、ギリシャ、シンガポール、アルゼンチン、ベネズエラなどが続く。**また、日本は外貨準備等の金融資産も持っている（外貨準備も短期債で借金して積み上げているだけだが）ので、それを差し引いた純債務残高の対GDP比をみると、日本は156％で1位になってしまう。2位はイタリアの127％で、その後にザンビア、バルバドスなどが続く。

ただし、単に借金の規模が大きいというだけで悲観的になる必要はない。借金が健全に行われ、効率的に使われていれば問題はない。ただし、残念ながら日本の場合、その点も問

題はないとは言えそうもない。

　日本政府の借金の証書である普通国債の残高は過去30年間で6倍に増加し1,054兆円に達している。この借金の大元の貸手は民間企業や家計の預金だ。ただ、通常の場合、銀行、生命保険会社、損害保険会社、年金基金などが我々の代わりに国債に投資をして政府にお金を貸している。10年以上前の2013年3月末時点では、国債の43％は銀行等、24％は生損保等、12％は年金基金が保有していた。つまり、約8割は銀行、生損保、年金基金が、一般の企業や家計の預金や保険料などを使って、代わりに国債に投資（政府へ貸付）していた。

　しかし、アベノミクス下の異次元の金融緩和政策で、日本銀行が大量の国債を銀行から購入したため、2023年末の時点では53.8％と半分以上を日本銀行が保有し、銀行等のシェアは11％まで縮小している。銀行は民間企業や家計から預金を預かり、その一部を日本銀行の当座預金として預けていて、日本銀行はその資金で国債を購入していることになる。

　つまり、民間企業や家計のお金は、以前は銀行、生損保、年金基金を通じて政府に貸し出されていたのだが、今ではその多くが、銀行のさらにまた先の日本銀行を通じて政府に貸し出されていることになる。銀行、生損保、年金基金だったら、世の中の物価に比べてあまりにも金利が低かったら国債に投資（政府に貸出）しないが、日本銀行は金利が低くても投資して（貸して）しまうので、政府は次第に借金を膨らませて無駄遣いをするようになる。

　ただ、日本銀行は今後これまでのようには国債に投資しな

第5章
失われた30年から学ぶ日本の反省と未来

いと言っているので、日本銀行の代わりに銀行、生損保、年金基金が物価と金利のバランスをみながら投資（政府に貸す）するようになる。こうした動きが続くなら、今後は金利が上昇しやすくなってくると考えられる。もっとも、もし、日本銀行が戻ってきて、さらに大量の国債を購入することになったら、金利は上がらないが、前にも述べたように実質金利がマイナスのままとなり流石に資金の元の出し手である国民が預金を外貨などに移してしまうことによって、一段と大幅な円安となってしまうリスクがある。

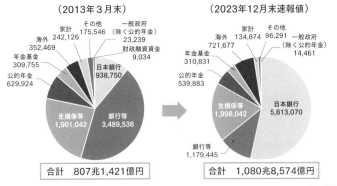

出所：財務省

まとめ

日本国政府が借金のし過ぎで破綻することはないが、円はさらに弱くなるリスクを抱えている。

3

なぜ、失われた
30年になって
しまったのですか？①

新陳代謝を避け、
非効率な企業を助けてきたから

第5章
失われた30年から学ぶ日本の反省と未来

バーガー博士、日本経済はなぜ失われた30年になってしまったのでしょう？

もちろん、要因はひとつではなくて、複数の要因が絡みあっていると思うのだが、ひとつ言えるのは、日本は過去の成功体験に囚われ過ぎて、変化を避けてきた結果、経済の新陳代謝が起きなかったからではないかな。

日本は1960年代から80年代に目覚ましい高度経済成長を経験し、世界からも注目される経済大国となった。前述したとおり、エズラ・ヴォーゲルが『ジャパン・アズ・ナンバーワン：アメリカにとってのレッスン』という本を書いて、日本経済の強さの背景を分析したことも話題になった。つまり「失われた30年」の前に「かがやかしい30年」があった。しかしこうした成功体験に囚われるあまり、日本では、世界の経済構造が変化しても、自らは変化することを避け、これまでも成功していたのだから、現状を維持するのが一番よいのだと考え、経済の新陳代謝を働かせず、社会の安定が最優先されてきた。

今まで通りの雇用や企業を守ることを最優先にした政策が続いたことなどから、お金や人が生産性の低い分野に固定されてしまい、経済が非効率なまま停滞してしまったと考えら

れる。その結果、賃金もさほど上昇せず、設備の高度化も進まなかった。

世界では技術革新や新興国の台頭等により経済構造が大きく変化・拡大していったが、日本では賃金や設備、そして経済規模が概ね横ばいとなり、日本の国際競争力は低下していってしまったと考えられる。

経済は日々変化している。同じ企業が同じ仕事を長期間継続して利益を出し続けるのは難しい。だから環境が変わってある企業のビジネスの存続が難しくなったら、その企業はビジネスを変えるか、市場から退出するしかない。しかし、日本ではそうした企業まで維持しようと補助金を払うようなことを続けてきた。その結果、日本経済全体の生産性が向上するのを妨げてしまった。

本来、こうした企業が市場から退出すれば、そこで働いていた従業員は他の新しい産業に関わる生産性の高い企業に流れていくはずだった。もちろん、新しい職場を見つけるのが難しい人も中にはいるだろう。本来政府が助けるべきは、そうした変化についていけなかった個人であり、変化についていけない企業ではないはずだ。

第5章
失われた30年から学ぶ日本の反省と未来

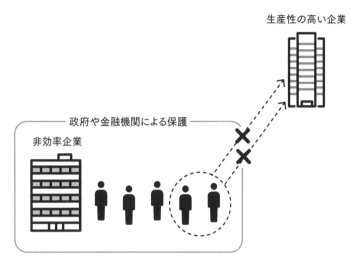

日本は「かがやかしい30年」の成功体験が変化をさまたげ
その後を「失われた30年」にしてしまった

> **まとめ**
>
> 日本は非効率な企業までも守ろうとしてきた。本来企業は守る対象ではなく、変化についていけない個人だけでよいはず。

4

なぜ、失われた
30年になって
しまったのですか？②

日本的な労働慣行、
企業の人事制度が依然として
存続しているから

第5章
失われた30年から学ぶ日本の反省と未来

バーガー博士、他にも失われた30年になってしまった理由はありますか？

まだまだたくさんあると思うよ。もうひとつ重要な要因としては、日本の労働慣行、企業の人事制度が今でも存続していることだと思う。以前は日本経済の急成長を支えたシステムが、世界の経済環境が変化していく中で、今度は足かせになり始めているのだと思うよ。

18世紀半ば頃から始まった産業革命以降の世界では、「豊富で安い労働力」と「機械」を使って「大量生産」することによって利益を生み出すという流れが主流となった。こうした環境下では、とくに評価や給料に大きな差をつけず、定年までゆっくりと、ほぼ横並びで上昇するという日本的な制度がうまくマッチした。そして日本型のこうしたシステムは、学校教育にも影響し、学生はとくに専門性を身につけなくても、企業に入社してから会社が育ててくれるという意識を持つようになる。

　社内教育の中で自分の能力が高まっていくと、会社に対するロイヤリティが生まれる。企業はそうした環境のもとで、配置転換を頻繁に行うことによって、多くの人材をその企業に合ったジェネラリストにしていく。また、退職金制度も長く勤めれば勤めるほど有利になるようにできているため、転

職しにくくなり、結果的に定年まで同じ会社で働く人が多くなる。そして、こうした制度下では転職市場が拡がらないので、企業の新陳代謝をなおさら進めにくくした。

　もちろん、こうした日本型システムのおかげで高度成長を遂げることができたとも言えるので、否定すべきものではない。しかし、今世界の経済システムは大きく変わろうとしている。「豊富で安い労働力」が枯渇し始めていて、コストが高くなり、「大量生産」で利益を出せなくなっている。そうなると、これからは新しい技術やアイディア、他製品と差別化をはかることで利益を出さなければならなくなる。こうした時代に従来の日本型システムは合わなくなってきているのだ。

　人材は足りないが企業として成長し、利益を上げなければならない、という時代では、欧米企業のようにそれぞれの部署が本当に必要としている人材を採用するかたちを採らないと間に合わないのではないか。また、当該部署の管理職が自分の部署に適した人材を自部門の専門性を活かして採用しなければ、専門性の高い優秀な人材を獲得・維持していくのは難しくなってくるだろう。もちろん評価・処遇は社内全体で見ても厳正かつ公平でなくてはならない。本来の人事部（課）の役割のひとつは、各部署の管理職が自らの判断で部下の採用（人材の入替）・評価・処遇を決めるものの、社内全体で見てもそれが厳正・公平と言えるような制度をつくり、チェックをしていくことなのではないか。

第5章
失われた30年から学ぶ日本の反省と未来

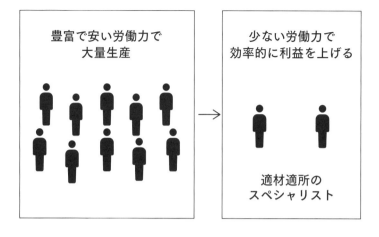

日本の終身雇用制度は転職市場の拡がりをさまたげ、
企業の新陳代謝を進めにくくした

まとめ

世界経済の大きな変化により
日本型の労働慣行、企業の人事システムが時代に
合わなくなっている。

5

なぜ、失われた
30年になって
しまったのですか？③

首相や大臣が頻繁に
変わり過ぎるから

第5章
失われた30年から学ぶ日本の反省と未来

バーガー博士、他にも失われた30年になってしまった理由はありますか？

まだまだたくさんあると思うよ。日本は首相や大臣が頻繁に変わり過ぎることが問題だと思う。企業であれば社長や役員、国であれば首相（大統領）や大臣が様々な課題について、リーダーシップをとって、時代や環境の変化に応じて変えるべきところは変えて行く必要がある。しかし、日本のように頻繁に首相や大臣が変わっていると、何か大きな改革を試みても、最後まで遂行する前に交代してしまって、結局何も進まないということになってしまう。

日本は1991年11月に首相に就任した宮沢喜一元首相以降、合計16名が首相となっている。33年間で16名だから一人平均2年間だ。しかも、そのうち小泉元首相が5年半、安倍元首相が2回で合計9年弱なので、残りの元首相は18年半で14名ということになる。一人平均1年3カ月だ。こんなに頻繁にリーダーが変わっている組織がまともな改革などできるわけがない。

さらに酷いのは大臣だ。同じ首相の下で内閣改造を行ったりするので、財務大臣（以前は大蔵大臣）は1991年11月以降で22名もいる。このうち麻生元財務大臣が9年弱つとめてい

るので、約24年間で21名ということになる。一人平均約1年だ。厚生労働大臣も同じ期間（当初は厚生大臣）で24名もいる。

　他の主要国でこんなに頻繁に首相（大統領）や大臣が交代する国はないだろう。アメリカの大統領は最低4年間の任期は務める。1991年以降で見ると大統領になったのは6名だ。最近頻繁に交代する印象があるイギリスでも1991年以降2024年7月に交代したスナク首相まで8名と日本の半分だ。ドイツの首相は4名、フランスの大統領は5名、イタリアの首相は日本に近く14名いるが、カナダは6名だ。

　企業でも国でも組織が発展していくためには、組織にはびこる様々な問題を発見・認識し、どのように変化・解決していくべきかを検討し、そのために必要な行動をとっていかなければならない。時には時代の変化に合わせて大胆な改革を行い、組織自体を大幅に変化させていく必要がある。もちろん、全員が賛成するような案はないので、リーダーが強い決断力と指導力を発揮して組織を動かしていく必要がある。

　もちろん、独裁体制が長く続くことはよくないが、日本のように毎年のようにリーダーが変わっていたら多くのことを前例踏襲で進めざるを得ず、必要な改革などできない。

第5章
失われた30年から学ぶ日本の反省と未来

> **まとめ**
>
> 日本は首相や大臣がひんぱんに代わりすぎる。
> リーダーがこれほどひんぱんに交代していたら、
> 前例踏襲が続くことになる。

6

なぜ、失われた
30年になって
しまったのですか？④

問題の原因をマーケットに求め、
本質的な問題から
目を背けてきたから

第5章
失われた30年から学ぶ日本の反省と未来

バーガー博士、他にも失われた30年になってしまった理由はありますか？

日本経済に起きる問題の原因をマーケットに求め、本質的な問題から目を背けてきたことも、経済が停滞した要因のひとつ。円相場にしろ、日本の長期金利にしろ、マーケットは実体経済を映す鏡でしかない。日本は鏡に映る姿がおかしいと言って、鏡の向きを変えることに一生懸命になって、本来の姿から目を背けようとしてきたことが問題だったと思うよ。

日本の財務省や日銀は、円相場が極端に円高になったり、円安になったり、長期金利が急激に上昇すると、「投機的な動きはけしからん」と言って、すぐに市場に介入して、マーケットの動きを止めようとする傾向がある。先進国でこんなことをやっている国は日本以外にない。もし財務省、日銀が言うことが本当なら、なぜ日本のマーケットだけ投機筋のアタックを受けるのだろうか？

確かにマーケットは時に過剰な動きを見せる時もある。そうした動きの背景に短期的・投機的な取引を行うプレーヤーがいることも事実だ。しかし、当局は基本的にそうした短期的かつ投機的な動きに気を取られる必要はない。こうした短

期的・投機的取引をする人たちは、売ったら買い戻す必要が
あるし、買ったら売り戻す必要があるので、中期的に見れば、
マーケットに与える影響はニュートラルだ。こうした人たち
は、実需の動きが自分たちの動きの後についてくると考えて、
ついてきた時に反対売買をして儲けようと考えている。とく
に為替市場では今や自分達の取引でマーケットを動かせると
思っている投機筋などいない。だから、もし、当局がこうし
た人たちの動きが根拠もなく、単なる投機的な動きでしかな
いと本当に思うのであれば本来放っておけばよいのだ。

　しかし、日本の当局はマーケットが一方向に動き続ける
と、その背後にある本質的な問題には目を向けず（あるいは
目を逸らすために）、マーケットの動きが投機的だと言い続
け、そこばかりに注目する。そして、そうしたメッセージが
国全体として、本質的な問題に目を向けるのを止めてしまっ
ている。本質的な問題が解決されないのであれば、一方向の
動きが続くのは当たり前だ。

　また、当局が市場の動きを歪めてしまうため、日本経済も
正常な新陳代謝が進まなかったとも言える。例えば、1993
年〜2011年までの19年間で日本は合計76兆円の円売り介入
を実行した。この19年間の日本の貿易・サービス収支の黒
字は121兆円だったので、実に黒字の63％を吸収してしまっ
たことになる。

　当局は当時、円高は投機的な動きだと言い続け、円売り介
入を続けたが、本来黒字国の通貨が強くなるのは自然なこと
で、変に「円高を阻止する」などというメッセージを送って

第5章
失われた30年から学ぶ日本の反省と未来

いなければ、今頃日本の製造業はビジネスの転換に成功していて、もしかしたらGoogleやAmazon、Zoomのようなサービスを提供する企業になっていたかもしれない。

貿易・サービス収支が赤字基調となった過去10年超は、今度は円買い介入で赤字に伴う円売りを吸収し始めている。

2012年以降の12年半で貿易・サービス収支の赤字累計額は67兆円となるが、そのうち24.5兆円、4割近くを円買い介入で吸収してしまっている。経済が歪んでいくのは避けられない。

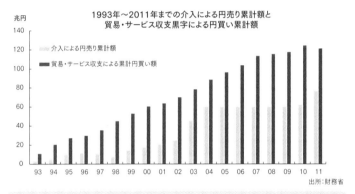

1993年〜2011年までの介入による円売り累計額と貿易・サービス収支黒字による円買い累計額

出所：財務省

貿易・サービス収支黒字の累計額＝121兆円は基本的にはその分だけ円買いが行われたことを意味する
一方、円売り介入の累計額76兆円はその分だけ貿易・サービス収支黒字から発生した円買いを吸収してしまったことになる

まとめ

日本はマーケットの変動を投機筋のせいにしてマーケットに映る本来の姿から眼を背けてきた。

7

なぜ、失われた30年になってしまったのですか？⑤

企業の海外生産移管を歓迎してしまったから

第 5 章
失われた30年から学ぶ日本の反省と未来

バーガー博士、他にも失われた30年になってしまった理由はありますか？

企業の海外生産移管の動きを歓迎してしまったことじゃないかな。アベノミクスが始まった2013年頃あたりから日本企業の対外直接投資が急増し始めた。こうした日本企業による海外への投資は円売りを伴って円安の一因となった。それ以前の日本は円高で苦しんでいたので、こうした企業の海外投資による円売りを歓迎するムードがあった。しかし、その結果、日本は貿易収支が赤字になり、円安になっても輸出が増えず、日本での新たな投資もあまり行われなくなってしまった

　日本では2013年頃から日本企業による対外直接投資が急増し始めた。対外直接投資とは日本の企業が海外の企業を買収したり、海外で工場を建てたり、設備投資をしたりすることだ。

　日本は2012年の途中まで円高で苦しんでいた。それが2012年12月に安倍首相が再度首相に就任しアベノミクスと呼ばれる経済政策を始めた頃から円安に動き始めた。その中で日本企業による対外直接投資が急増した。日本企業が海外に投資をする際に一部は円を売らなければならないので、円安を後押しする動きとして、むしろこうした動きを歓迎する

ムードがあった。

　日本企業が対外直接投資を急増させた理由はいくつかあると考えられる。1つめは円高が長引いたことで日本からの輸出を諦め、海外で生産をする決断をしたこと。2つめは2011年3月に発生した東日本大震災でサプライチェーン多様化の観点から海外での生産を増やそうと考えたこと。3つめは日本の人口減少、需要減少が予想される中、需要増が期待できる海外で直接生産・販売する方が得策と考えたこと。4つめは世界で拡がった保護主義や環境規制強化の動きで、コストが高くても海外で生産せざるを得なくなったこと、などが挙げられる。

　とくに3つめと4つめの理由は、円安になった今でも日本企業が日本に戻ってこないで、引き続き高水準の海外投資を続けている背景と考えられる。

　その結果、以前は日本で生産、輸出し、貿易黒字を多く稼ぎだしていた電気機器の貿易収支が黒字から赤字に転換してしまった。さらに、海外投資から得られた利益も海外で再投資する流れが続き、日本での新たな投資があまり行われなくなってしまった。その結果、日本の設備は老朽化する一方、新しい設備投資は海外で行われ、日本と海外の生産性の格差が拡がる一因ともなっている。新しい設備を使った新しい知識や経験は海外で積み上げられ、生産性の高い経済活動から得られる利益（従業員への給与等）はほとんどが海外で享受されてしまっていて、日本に戻ってこなくなっている。また、大企業から関連の中堅・中小企業への日本国内でのイノベー

第5章
失われた30年から学ぶ日本の反省と未来

ション効果の波及も滞ってしまった。

一部半導体などで海外企業が日本に投資する動きも見られるが、金額で見ると日本企業が海外に投資をしている方が今でも圧倒的に大きい。

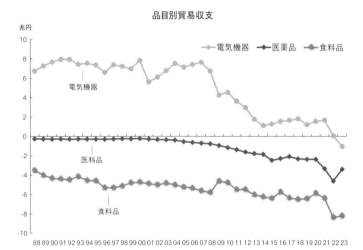

品目別貿易収支

1980年代〜90年代にかけて、毎年7兆円前後の貿易黒字を稼いでいた「電気機器」は2023年についに貿易赤字となった

> **まとめ**
>
> 日本企業の海外投資が増加し、生産性の改善は海外ではかられ、新しい知識や経験は海外で積み上げられている。

209

8

なぜ、失われた
30年になって
しまったのですか？⑥
金融政策と財政政策に頼り過ぎて、
構造改革を進められなかったから

第5章
失われた30年から学ぶ日本の反省と未来

バーガー博士、他にも失われた30年になってしまった理由はありますか？

もうひとつ重要な要因は、金融緩和と財政政策で経済を支えている間に、構造改革を進める必要があったのに、構造改革を進めなかったことだろうね。つまり、全身麻酔（大胆な金融緩和）を打って、人工呼吸器（機動的な財政政策）をつけた後、手術（規制緩和などの成長戦略・構造改革）をするはずだったのに、手術をするのを忘れてここまで来てしまっているということだね。

2012年に安倍元首相が2回目の政権を担った際、「アベノミクス『３本の矢』」と銘打って、大胆な金融緩和政策（第1の矢）と機動的な財政政策（第2の矢）でデフレマインドを払拭し、需要を創出している間に、規制緩和等による成長戦略・構造改革（第3の矢）を進めて、持続的な経済成長ができる経済を取り戻す計画だった。第2次安倍政権は結局8年近くも続いたので大胆な改革ができるチャンスだった。

しかし、結局は、第1の矢と第2の矢は放たれたのだが、第3の矢は大した成果は見られず、いつしか第1の矢（大胆な金融緩和）と第2の矢（機動的な財政政策）を放ち続ければ、それだけで日本経済が変わると勘違いされ始めてしまった。

病院で痛みに苦しむ重症患者に、全身麻酔を打って、人工呼吸器をつけた後、患者が苦しまなくなったので手術をするのを忘れてしまったまま、全身麻酔と人工呼吸器を付け続けていて、自然と回復してくれるのではないかと期待しているようなものだ。

　当然そんなことをすれば、元々の病気が治らないどころか、体には新たな問題が生じてくる。それが今の極端な円安だろう。中には円安がカンフル剤となって、また体が元気になるとの考えもあるようだが、日本経済にはもうそんな元気は残っていない。いくら金融緩和を続け、円が安くなっても、経済を復活させる可能性のある輸出企業は、体（日本）の外で生産を始めてしまっているため、日本に元気を取り戻せなくなっている。通貨が弱くなることによって、名目上の成長率や税収が増え、企業の海外での収益はふくらむが、実質的な成長にはつながらない。

　大胆な金融緩和政策を続けてきた日本銀行にも問題はあると思う。それは金融緩和政策を続けていれば問題を解決できると思わせるようなメッセージを送り続けたことだ。早い段階で、「日銀は約束通り金融緩和政策を続けているのだから、政府も約束通り構造改革を進めてほしい」と要求すべきだった。

> **まとめ**
>
> 日本は重症患者（日本経済）に全身麻酔（金融緩和）を打って、人工呼吸器（財政支出）をつけた後、患者が苦しまなくなったので手術をするのを忘れてしまっている状態。

9

もう日本経済は
ダメなのですか？
これからも弱いままで
復活できない
のですか？

第5章
失われた30年から学ぶ日本の反省と未来

バーガー博士、だいぶ暗い気持ちになってきました。もう日本経済はダメなのですか？これからも弱いままで復活できないのですか？

マネオくん、そんなことは決してないよ！マネオくんのような若者が変わらなきゃいけないと思えば、必ず変わるし、日本経済は必ず復活すると思うよ。

　日本経済はこれから苦しい時代がやってくるだろう。ただ、苦しい時代だからこそ、みんなが問題意識を強く持ち始める可能性は高くなるし、変わらなければならないと思う人たちも多くなってくると思う。そうなれば日本経済は「ジャパン・アズ・ナンバーワン」と呼ばれた時代のような復活を遂げることだって十分可能だ。そのためには、目先の痛みがあっても変わる決断をしていかなければならない。

　非効率な企業が退出（倒産）することを悪と捉えず、そこで働く人々がより効率的な企業に移っていく流れとしてポジティブに捉えるべきだろう。そして、政府が手を差しのべるべき相手は非効率な企業ではなく、そうした流れについていけない個人（経営者も含めて）なのだと考えるべきだろう。

　日本の人事制度はなかなか変わらないかもしれないが、多くの企業が今後新しい人事制度で、スペシャリストを高く評

価する賃金体系を導入して、そうした企業に優秀な若者が積極的にチャレンジすれば、少しずつ変わってくるかもしれない。最近就職活動をしていたリケジョの娘は「中小企業でも月収が大手よりも高いところがある」と言っていた。世の中少しずつ変化の兆しもある。

　選挙もしっかり考え投票して、自分たちのリーダーを選ぼう。組織にとって本当に優秀なリーダーがある程度の長期間にわたって、組織を常に改善することを考えることは非常に重要だ。本当に優秀なリーダーを見極めるのは難しい。でも、例えば自分の会社のシニア層の中から、誰が将来の社長になるべきかという投票をしたら、ある程度正しいリーダー数名に絞ることができるのではないだろうか？　みなさんもそういう制度で自分の上司や社長を選びたいと思っているのではないだろうか？　なぜ、企業から国という組織になるとそれができないのだろうか？　自分事として真剣に考えていないからではないのか？

　円相場や長期金利、株価が大きく動いた時、それをマーケットや投機筋のせいにするのをやめて、何が問題でそうした動きになっているのかに目を向けてほしい。マーケットは実体経済を映す鏡でしかない。鏡を動かしたら正しい自分達の姿が見えなくなってしまう。少し宣伝だが、投資やマーケットに関する基礎的なことを勉強したいと考えている方向けに、YouTubeのFFG公式チャンネルでも、『マーケット入門』という5分程度の動画や、『キーワード解説』という1分程度のショート動画を配信しているので、そちらも是非参考

にしてもらえればと思う。

　そしてビジネスをするときには常にグローバル・スタンダードで考えてほしい。今日本の中枢にいる世代の人たちの中には日本経済が強かった時のことが頭から離れない人も多い。だから、日本だけでなんとかやっていけるのではないかと思っている人も多い。しかし、もう日本経済は強くない。経済が強くなくなれば世界で80人に1人しか分からない日本語という少数民族言語でビジネスをしようと思っても限界がある。だからグローバル・スタンダードに合わせて考える必要がある。

　今は麻酔と人工呼吸器を付けられているからあまり痛みを感じていないことを認識してほしい。日本経済は明らかにこれまで述べたような問題を抱えていて、問題はなさそうにみえても衰弱が進行している。若い世代はしっかり勉強しているし、優秀な人が多いと思う。こうした世代が現状をしっかり認識し、変わらなければいけないと思ってくれる人が増えれば、日本経済は必ず復活すると信じている。

まとめ

　今の若い世代は問題意識を持った優秀な人たちが多い。こうした世代が勇気を持てば、日本経済は復活する。

— 用 語 集 —

インフレーション（インフレ）	いんふれーしょん	モノやサービスの価格が上がること
インフレ率	いんふれりつ	物価の上昇（下落）率。消費者物価の1年間の上昇（下落）率
運用	うんよう	貯蓄と投資のバランス、つまりお金の置き場所のバランスを考えて、実行すること
外国為替相場	がいこくかわせそうば	異なる通貨と通貨の交換レート
外国為替取引	がいこくかわせとりひき	異なる通貨と通貨を交換する取引
株式	かぶしき	企業が出資を受ける代わりに発行するもの。貸付けではなく、出資なので、企業は出資されたお金を投資家（株主）に返済する必要はない。ただし、通常は利益の中から投資家（株主）に対して配当金を支払う
株主	かぶぬし	株を保有している人。その企業の持分の一部を保有している人
為替介入	かわせかいにゅう	円相場の過度の変動や無秩序な動きを抑えようと、財務省・日銀が円を売ったり、買ったりすること
金融緩和政策	きんゆうかんわせいさく	中央銀行が金利を引き下げたり、極端に低い水準に維持すること。通常の場合、経済活動を活発化させる効果がある
金融引き締め政策	きんゆうひきしめせいさく	中央銀行が金利を引き上げたり、極端に高い水準に維持すること。通常の場合、活発化し過ぎた経済活動を冷やす効果がある。
クロス円相場	くろすえんそうば	米ドル／円相場以外の円相場
経常収支	けいじょうしゅうし	日本と海外の間で行われる取引のうち、資産の売買に絡むもの以外の取引の金額。モノやサービスのやり取りの収支（貿易・サービス収支）、第一次所得収支（過去に取得した海外資産からのリターン）、第二次所得収支（対価なく分配されるもの。保険料からサービス部分を除いた額も含まれる）からなる
購買力平価	こうばいりょくへいか	ある国とある国でモノやサービスの価格が同じになる為替レート
国債	こくさい	日本政府が借金をする代わりに発行する債券
コスト	こすと	何かをつくったり、サービスを提供する時に必要となるお金
債券	さいけん	お金を借りる人が発行するもの。国が発行する債券は「国債」、企業が発行する債券は「社債」と呼ばれる。債券を発行する側は、債券を保有する人に金利を払い、一定の期間がきたら、借りたお金を返済する
GDP	じーでぃーぴー	Gross Domestic Product。国内総生産。国内で生産されたモノや提供されたサービスで得られた利益の合計。GDPの増加率のことを経済成長率とも言う
実効レート	じっこうれーと	貿易相手国全体の為替レートを勘案した、その通貨が強いか弱いかを示す指数
実質と名目	じっししつとめいもく	経済用語としては一般的に『実質』とはインフレ率による影響を除いたペースを意味する。『名目』はインフレ率による影響も含んだペース
実質金利	じっしつきんり	名目金利から（期待）インフレ率を引いた値

用語集

出資	しゅっし	お金を提供すること。貸すことではないので戻ってこない
償却	しょうきゃく	貸し出し金が返済されそうになくなったことで、諦めて無かったことにすること。損失として確定すること
消費	しょうひ	モノやサービスを購入すること
消費者物価指数	しょうひしゃぶっかしすう	Consumer Price Index（CPI）。消費者が買う様々なモノやサービスの価格を集計して指数化したもの
人件費	じんけんひ	働く人に支払う給料等のこと
政策金利	せいさくきんり	中央銀行が決める非常に短い期間（通常は1日）の金利。様々な期間の債券の金利の元になる金利
対外直接投資	たいがいちょくせつとうし	日本企業の海外への投資。海外に工場を建てたり、海外の企業を買収したりすること。通常、円を売って外貨を買う必要があるため、円安要因
短期金利	たんききんり	政策金利も含め、期間1年未満の金利を指す
中央銀行	ちゅうおうぎんこう	それぞれの国・地域に一つある銀行。銀行の銀行（銀行が中央銀行に口座を持っている）、政府の銀行（政府の口座も中央銀行にある）、発券銀行（紙幣を発行する）という役割がある。この他、政策金利を決める役割もある。日本の中央銀行は日本銀行
長期金利	ちょうききんり	通常、期間1年以上の金利を指す
貯蓄	ちょちく	銀行などに預金・貯金としてお金を預けること
通貨	つうか	お金のこと
デフレーション（デフレ）	でふれーしょん	モノやサービスの価格が下がること
投資	とうし	債券、株式、投資信託、外貨などに資金を投じて、お金を長期間かけて増やそうとすること
配当	はいとう	企業が利益の中から株主に支払うお金
1株あたり利益	ひとかぶあたりりえき	企業の利益を発行した株数で割った数字
付加価値	ふかかち	新しく生み出された価値。利益とほぼ同じ意味
貿易赤字	ぼうえきあかじ	輸入額が輸出額より大きいこと。差し引き外貨を必要とするので、円を売って外貨を買うことになる。円安要因
貿易黒字	ぼうえきくろじ	輸出額が輸入額より大きいこと。差し引き外貨を得られるので、外貨を売って円を買うことになる。円高要因
貿易収支	ぼうえきしゅうし	輸出額から輸入額を引いた金額
輸出	ゆしゅつ	日本でつくったモノを海外で売ること。外貨を得られる
輸入	ゆにゅう	海外でつくられたモノを買って日本に持ってくること。外貨を必要とする
利益	りえき	もうけ
レバレッジ	ればれっじ	てこの原理。投資の世界では、少ない資金で大きな利益を得ることを目的とすることを指す。当然ながら逆に損失が大きくなることもある。例えば、1万円を投資して、10万円分の投資を行うこと（10倍のレバレッジ）。投資したものの価格が10％上昇したら、1万円の利益（投資資金が倍）となるが、10％下落したら、1万円の損失（投資資金が無くなる）となる

おわりに

　日本のどの大学よりも国際的な評価が高い英国の大学の医学部を卒業しても、日本では医師国家試験の受験資格さえないらしい。日本の国家試験を受けるためには様々な書類の提出が必要だそうで、英国の一流大学を出た日本人医師の多くが日本で医師になるのを諦めて海外で活躍しているらしい。恐らくこうした事例は医師だけでなく他にも数多くあるのだろう。

　いつまでも日本が最も優れている、これまでとやり方を変える必要はないという考えでいると、世界から大きく取り残されることになる。成長分野、最新技術や知識を取り入れなければならない分野は、自ずと海外との交流が必要なはずだ。それを拒んでいたら成長はできない。

　日本はそもそも島国で、資源もなく、人口もさほど多いわけでもなく、かつ日本語という特殊な言語しか分からない人が多い。そんな国の経済が弱くなると、途端に世界の中での存在感が薄れていく。18世紀後半にヨーロッパから始まった産業革命以降の約250年間で、日本経済の強さが注目を浴びたのは1960年代〜1980年代のたった30年間程度でしかない。そして、1990年代以降の30年間は歴史を逆戻りし始めた30年間だった。このままだとさらに取り残されていくことになりかねない。

　13年前に執筆した『弱い日本の強い円』の最後に、異常な

金融政策が続くことによって、「これまでとは異なり異常な円安が進むリスクがあると考えている（ただし、これは目先10年以内程度の期間では起きないと思うが）」と記した。しかし、実際には想定していたよりも早く異常な円安が進行した。金融政策が異常な緩和水準となっているのは今も同じだ。

　日本経済は世界の中で加速度的に存在感を低下させている。13年前も日本経済は既に弱くなり始めていたのだが、当時は経済が強かった時の遺産によって、経済は弱くても円は強かった。しかし、遺産を食い潰し、変わるべきところも変えられず、そのまま放置してきたことにより、いよいよ円の購買力も低下し始めた。

　そんなことを考えている時に、株式会社クロスメディア・パブリッシングの川辺秀美氏から、「日本の金融リテラシーを高めるために、小学生でもわかる円相場や金融市場、投資に関する本を書いてほしい」と依頼された。恐らく日本経済はさらに落ち込むことになるだろう。ただ、そこから必ず復活する動きが出てくる。その時、そうした復活への動きの原動力となる若い世代に何らかの貢献ができれば、と執筆をお引き受けした。貴重な機会をいただいたと感謝している。さすがに小学生には難し過ぎるかもしれないが、リケジョの大学生の次女に原稿を読んでもらい、「意味が分からない」と指摘されたところはなるべく平易に書き直すように心がけた。

　これまで30年以上、銀行員として勤め、その大半を為替市場を中心としたマーケットに携わる仕事をしてきた。本

書に記した内容は、日本銀行、J.P.モルガン・チェース銀行、ふくおかフィナンシャルグループで働く中で出会った上司、先輩、同僚、後輩、そしてお客様に教えていただいたことや、ディスカッションの中で気づかせてもらったことが多い。大学時代の友人からもアドバイスをもらった。自分だけの考えでは限界がある。マーケットの仕事を気に入っているのは、みんなで得体の知れないものに立ち向かっているという感覚があるからだ。予想や意見が異なる時でも、積極的に情報交換を行い、お互いを尊重しあうプロらしいところがよいところだ。そうやって多くの方々とよい関係を築き、助け、助けられてきた。本書もその上に成り立っている。

　ただし、言うまでもなく本書に記載されている誤りは全て筆者に帰すべきものである。また、本書の内容は筆者個人の見解であり、所属するふくおかフィナンシャルグループとは関係ないことは明記しておきたい。

　最後に、学生時代から長年付き合ってくれている妻に感謝し、あまりかまってあげられなかった3人の子どもたちへお詫びし、3人の孫の世代の未来に希望を託してパソコンの電源を切ろうと思う。

2024年9月

佐々木融

Crossmedia Publishing

Reina Toyama （SP）
Rukino Uchiyama （DTP）
Yoshimi Ara （DTP）
Airi Mieno （AD,ILLUST）
Eriko Iwase （PR）
Hidemi Kawabe （EDITOR）

［著者略歴］

佐々木融（ささき・とおる）

ふくおかフィナンシャルグループ チーフストラテジスト

1992年上智大学外国語学部英語学科卒業後、日本銀行入行。調査統計局、札幌支店を経て1994年から1997年まで国際局（当時）為替課に配属。市場調査・分析の他、為替市場介入も担当。その後考査局を経て、2000年7月よりニューヨーク事務所に配属され、NY連邦準備銀行等、米国当局と情報交換を行いつつ、外国為替市場を含めたNY市場全般の情報収集・調査・分析を担当。2003年4月、JPモルガン・チェース銀行にチーフFXストラテジストとして入行。2009年6月債券為替調査部長、2010年5月マネジング・ディレクター、2015年6月市場調査本部長。20年以上にわたってJPモルガンの世界全体のオフィシャルな円相場予想作成の責任者を務める。2023年12月より現職。日経ヴェリタス為替アナリストランキング、2016年及び2018年〜2021年まで4年連続1位。インスティテューショナル・インベスターズ誌日本為替アナリストランキング、2019年、2020年1位。2024年3月、財務省「国際収支に関する懇談会」委員。著書に『弱い日本の強い円』（日本経済新聞社、2011年）『インフレで私たちの収入は本当に増えるのか？』（ダイヤモンド社、2013）がある。

ビッグマックと弱い円ができるまで

2024年10月1日　初版発行

著　者	佐々木融
発行者	小早川幸一郎
発　行	株式会社クロスメディア・パブリッシング 〒151-0051 東京都渋谷区千駄ヶ谷4-20-3 東栄神宮外苑ビル https://www.cm-publishing.co.jp ◎本の内容に関するお問い合わせ先：TEL (03) 5413-3140／FAX (03) 5413-3141
発　売	株式会社インプレス 〒101-0051 東京都千代田区神田神保町一丁目105番地 ◎乱丁本・落丁本などのお問い合わせ先：FAX (03) 6837-5023 　service@impress.co.jp 　※古書店で購入されたものについてはお取り替えできません
印刷・製本	中央精版印刷株式会社

©2024 Tohru Sasaki, Printed in Japan　ISBN978-4-295-41017-1　C2033